HOW TO

野蛮生存

SURVIVE IN THE

创业不是从0到1，而是从1到9

COMPETITION

李凯旋◎著

辽宁人民出版社

图书在版编目（CIP）数据

野蛮生存：创业不是从 0 到 1，而是从 1 到 9 / 李凯旋著. — 沈阳：辽宁人民出版社，2019.3

ISBN 978-7-205-09422-5

Ⅰ. ①野… Ⅱ. ①李… Ⅲ. ①企业管理—创业 Ⅳ. ① F272.2

中国版本图书馆 CIP 数据核字 (2018) 第 218622 号

出版发行：辽宁人民出版社
地址：沈阳市和平区十一纬路 25 号　邮编：110003
电话：024-23284321（邮　购）024-23284324（发行部）
传真：024-23284191（发行部）024-23284304（办公室）
http://www.lnpph.com.cn

印　　刷：嘉业印刷（天津）有限公司
幅面尺寸：145mm × 210mm
印　　张：8
字　　数：165 千字
出版时间：2019 年 3 月第 1 版
印刷时间：2019 年 3 月第 1 次印刷
责任编辑：祁雪芬
封面设计：水玉银文化
版式设计：花绕藤
责任校对：王玉坤
书　　号：ISBN 978-7-205-09422-5

定　　价：45.00 元

序言

这是一个最好的时代，也是一个最坏的时代。作为当今世界三大黄金创业国度（美国、以色列、中国）中的后来者，中国有着世界上最优质的创业环境，近十年来，中国的新兴企业百花齐放，民营企业的蓬勃盛况为中国社会在经济发展道路上创造了一个又一个奇迹。但是，百花齐放的背后，中国商场却是一片不见硝烟的“丛林战场”，战场中每天都有无数怀抱着美好的梦想与财富欲望的创业者蜂拥而入，然后又在旦夕之间悄然消逝。事实上，能否“在文明社会的竞争中野蛮生存下来”，早已成为现代商业社会中决定每一家企业生死兴衰的关键。

有效的生存方式和生存理念，必然要建立在对生存环境的正确认知之上，而在互联网时代，在这个商业竞争已从价格战转换到认知战的环境下，看清楚当下环境的几大主要特征就变得至关重要。

时间正在改变空间——物流

当代物流业有多发达？从最早的“驴驮马拉”，到如今的“全国两小时”，物流的质变堪称人类商业文明变革的根本诱因。物流本质上就是对货物的空间与时间移动进行管理，而在以大数据为背景的当下，物流的车货匹配、运输线路分析、销售预测与库存、供应链协同管理等都发生了突破性变革。

工具的升级仅仅是物流改变商业的一方面，而在另一方面，物流所带来的时间优化已经彻底改变了生产链上游的商品的生产节奏，以及终端市场的商品出售周期。简单地说，就是流通所花费的时间少了，那么如何利用剩余时间来提升产品价值与服务质量，就成了各大商家在竞争过程中突围的重要手段。

有的商家选择原地不动，将缩减的时间成本作为利润来反馈自身，有的商家则利用缩减的时间用来优化产品与服务，制造更加符合用户需求、满足用户个性化定制的商品（比如在送货上进行定时定点的精准送达）。前后两相对比，后者所具备的，就是在现代商业社会中的核心竞争力。

世界上没有新鲜事，所有的生意都值得重新再做一遍

在2017年与2018年交替之际，中国商界出现了一个新名词——“中国式机会”。这个新词刚一出现便被无数商界大佬解读。在诸多解读中，人们逐渐体悟到，在当下之中国，一方面是专业的人才永远不会被市场抛弃；而另一方面，就是那些看起来已经老旧、传统的生意，其实都值得在以互联网为背景的颠覆性环境下重新再做一遍。

大多数创业者都会有一个天真的心理趋向，就是构想一个前所未有的创意来作为企业的核心竞争力，这是不切实际的。因为在人类文明发展到如此高度的今天，世界上早已没有了新鲜事。除了时间的缓

慢推进之外，只有上帝才能在旦夕之间创造一个崭新的合乎市场需求的完美创新。

那么，在这个不断强调创新的环境中，创业者们该以一种怎样的心态来看待创新？我们应该看到，“世上没有新鲜事”是对人类客观的生存环境的描述，但从主观体验的角度来看，在这个环境中，聪明的创业者总是能够用一种新颖的角度给用户带来全新的体验。这种“新角度”或许是某个细微处的创新，或许是一种在旧事物基础上的新鲜玩儿法……而只要能够从中找到一处合乎需求的“新点子”，你就拥有了突围的机会。所以，创新首先要做的，就是打开“心眼”，抓住那些曾无数次从你的思维边缘划过的点子。

创新不是企业竞争的壁垒

当下的中国商界有句流传颇广的话，叫“从0到1，我们还不擅长，但从1到N，我们独步天下”。这句话精准地概括出了中国创业环境的根本特征。在这样的环境中，创业者除了要具备创新能力之外，还必须学会构建创新壁垒。中国社会里，因为知识版权等因素，很多时候，一个新产品刚问世不久就会有无数个后来者争相模仿，而中国人的聪明之处就在于，绝大多数模仿者并不是单纯地复制，而是更擅长在原有基础上另辟蹊径，不断开拓。在这种情况下，一个企业要想保证自身战力，除了要学会从细微处开拓创新之外，还要做到持续、快速更快速地创新，并利用高效的执行手段，将产品快速投入市场中形成利润转换。在不断快速地创新中制造企业的竞争壁垒，是现代企业长盛不衰的关键。

总体来看，本书提供了一种适用于现代商业的生存法则体系。在大小 30 余个案例中，我们会看到，那些在商海中叱咤风云的巨头内心是如何“战战兢兢，如临深渊，如履薄冰”的，而那些后来者又是如何通过种种离经叛道的手段来击垮巨头，一夜间“迎风而长”的。对于不同的人、团队、企业而言，这个时代必然有天堂与地狱之别，因此我们无法对这个时代的好坏一言而决，但所有的人都必须承认的是，这是一个“野花盛开”的时代。

目录
CONTENTS

CHAPTER 02 渠道：向前一步才是天空

想赢得未来，不在于你有多少资源，而在于你能调动多少资源

CHAPTER 03 客户：把需求做小，生意才能做大

谁最懂人性，谁就最可能投出“独角兽”

CHAPTER 06 管理：领导力是一种宗教

规则就是用来杀人的

CHAPTER 07 信息：信息战争决定未来

用情怀与颜值赋能，所有的生意都值得再做一遍

CHAPTER

01

产品：高效、颠覆、无可替代

创新并不是简单地从 0 到 1，而是从 1 到 9

突破——以下犯上，以小博大

沈南鹏：大企业往往死于超重，小而美才是发展之道

在这个科技飞速发展的时代，当下每一家企业都面临着前所未有的巨大挑战，而投资家沈南鹏就曾说过，企业常青的最大障碍，就是拒绝改变。

作为携程网曾经的创始人，如今的红杉资本全球执行合伙人，沈南鹏认为，商场永远是一个危险与机遇并存的所在，用一句话来形容就是："我们无法确定改革之后的生死结果，唯一能够肯定的就是，在时代发展过程中，企业不变革，必然死。"

◎ 战略思维是企业打开局面的关键倚仗

CEO（首席执行官）这个词这几年在社会上已然成为一种高端大气的个人标签，但实际上，CEO 可不是那么好当的。CEO 不是"个体户""小老板"，想做一个优秀的 CEO，定战略、重产品、带团队、算好账等能力一个都不能少。

以互联网行业为例，互联网行业在今天已和 20 世纪 90 年代有了根本的差别。BAT（百度、阿里巴巴、腾讯）、京东以及小米等大公司覆盖了相当部分的市场机会。同样，在传统行业中，无论是零售、电

器还是家具，各个行业里大大小小的公司满满当当，巨头收割着大部分利润，留下点儿“汤汤水水”还有着万家分润。在这种情况下，中小企业是否还有突破重围的机会？

沈南鹏认为是有的，而关键就在于 CEO 得拥有相应的战略思维。

就像当初在中国互联网新闻格局已基本定型的情况下“今日头条”的异军突起；就像当初在微博占据公共社交主流的情况下微信朋友圈的分流——**只要能够把握细节，发现用户需求，你就有异军突起的机会。**而这种发现和把握机会的能力根源，就是 CEO 的战略思维。

作为 CEO，你要在创业第一天就做好心理准备和技术储备，同时还要想到，如果有巨头进入这个行业，你将如何应对？沈南鹏举了个例子，2008 年，面对已经独占电商平台半壁江山的淘宝，刘强东在经过思考后选择了“自营电商”的道路。那时候还没有一家公司（包括线下零售商）能够完善供应链、仓储和配送这几件事的配套服务。发现了这一短板后，京东决心自建物流，为了确保在几百个城市做到 24 小时内送货到家，京东所做的努力不可谓不多。很多人至今还记得当年刘强东亲自送货的那张照片，而这实际上是在传递一个信息，京东与淘宝的差异竞争力就在于“我们能准时送货”。

自建物流，准时送货，这两点最后成了京东打开局面的一个重要切入点，而后的事实也证明：刘强东这个与众不同的战略选择使他收获了巨大的成功。

◎ 企业变革的三大法则

从事传统商业的企业家都存在一种潜意识，就是企业发展一定要做大做强，但是，在以互联网为背景的现代商业圈中，“大”就一定代表“强”吗？答案是否定的。现代商业，所有强大的企业必须看到如下三点，否则企业生命力的萎缩就会成为必然趋势。

一、无规模性成长陷阱

现代企业在发展的过程中一定要保持一种轻盈的体态。原因很简单，从物理学角度来看，一个作用力对一个质量大的物体几乎起不到作用，但却能轻易推动质量小的物体，并让它加速前进。在互联网时代，变化与快速是核心要素，而臃肿与庞大反而会成为企业生存的致命缺陷。所以，随时警惕企业规模的成长陷阱，是一个优秀企业家在战略前瞻性上的重要体现。

一般来说，公司的规模膨胀、冗余是有征兆的，仔细观察一下，每一个体量过大的企业往往都存在着这样两个问题：一、团队开始强调物理条件和设施、注重形式而非内容；二、管理人员膨胀，不强调量化指标，反而强调不可量化的事物。反之，在一个良性发展的企业中，领导最关注的，始终是那些真正重要的指标，包括客户、订单量、营收、毛利、流失率、盈利能力、现金流等。总而言之，一个良性发展的企业领导更关注真实的数据。

二、走出舒适区

牛顿第一定律中有这么一段描述：运动中的物体有维持运动的趋势，静止中的物体有保持静止的趋势，除非受到其他物体的作用力迫使它改变这种状态。

这一定律在人类习性上也同样适用。生活中，每个人无论在事业或者生活过程中都会形成一个固定的舒适区，在这个舒适区里，人们会依靠既有经验去生活和发展，并下意识地抗拒改变，但做企业首先要克服的，就是这个与生俱来的弱点。

商场如战场，企业家本人必须要有足够的风险意识，同时，还要激励员工勇于快速试错、快速抛弃僵化停滞的工作流程。另外，除了那些具体的措施之外，企业家最需要关心的，就是如何逐步建立“去中心化”的团队，通过授权来实现自下而上的创新。

三、阶段性专注

在企业快速发展的过程中，资金成本、发展速度极限、市场规模、单位效益这四者之间存在着一个最佳平衡点。高明的企业家会找到这个点，让企业在发展中保持对阶段性产品和领域的专注，从而避免盲目扩张的风险。

高明的企业家都是善于把握机会、顺势借力的人。很多人以为，对于一个大公司来说，其最大的对手就是其他大公司，其实不尽然，现实中，通过借助杠杆效应等办法，初创公司以小博大的案例并不罕见，它们可能才是大公司真正的对手。大公司的优势是规模大、机制成熟、资源雄厚，但初创公司的优势其实也非常鲜明，从当下的创业境况来看，一家优秀的初创公司，一般都会具有“4S 优势”：

Stealth（隐蔽）

Speed（速度）

Smarts（才智）

Simplicity（精简）

这些优势一旦发力，小公司就具有颠覆产业巨头的强悍能力。所以，在现代社会，哪怕是所谓的百年企业和跨国巨头，或许在下一刻就会败在某个无名小卒手中。毕竟，在这个时代，传统规则和上升壁垒早已被打破，任你是怎样的庞然大物，也永远不会知道何时便会死在一个无名小卒手上。

◎ 创业者的个人局限是企业成长的天花板

一个创业者想要成功，最关键的因素是什么？除了许多大佬常常挂在嘴边的 Entrepreneurship（创业家精神），还有一个很重要的因素就是 Professionalism（职业精神），此二者，前者是对企业家自身素质的要求，后者则是创业者建立一个有着高执行力与卓越团队文化的企业的根本。

Professionalism 的含义是多方面的，其中甚至包含许多至关重要的细节，就像沈南鹏第一次踏足华尔街的时候，身边朋友告诉他，华尔街的许多特征都会从细节中得到展现，比如着装、精神面貌、行为举止等。而除了这些外在表现形式以外，还有一个根本性的东西就是，一个人内在的职业精神。

这种职业精神分四个方面：

首先，专业的知识与能力，就是创业者必须在他所从事的行业中成为专家。

其次，在企业发展过程中，创业者必须从专精型人才转变为综合型人才。一般来说，创业者起步于专精，成熟于综合。而事实上，我们所知的许多杰出的企业家，其所涉及和通达的领域都远远多于他最初学习的专业，比如，工程学出身的人精通金融财务，管理学出身的人精通设计，等等。总之，世界上任何一个杰出的企业家不说十项全能，也必定对多方面知识都有着深入的了解。

再次，团队领导者要善于在团队中构建起相互信任、尊重以及体谅的团队精神。每个成功的管理者都是调和构建人际关系的大师，他们所构建的团队通常都会具有信任、尊重、体谅这三个基本特质。信任意味着团队凝聚力与效率，尊重代表各项事务之间的条理分明，体谅则代表了团队给个人所带来的感受体验。

最后，以身作则，建立团队价值观。团队的价值观起源于团队领导，甚至很多时候，团队的价值观就是一个企业创始人自身价值观的缩影。换句话说，作为创始人的你是怎样对待家人、朋友、客户，甚至是合作伙伴的？你对生活、事业的态度是充满着正能量还是负能量？你能否对自己工作中的每个细节都有着按照最佳标准完成的责任心？这些问题会从创始人自身出发辐射至整个团队。而很多创始人的问题在于，他们惯于用高标准来要求团队，却对自身的问题没有清晰的认知，而实际上真正局限了企业成长，使企业在上升途中遇到无法打破的天花板的，正是企业家自己。

创新——世上没有新鲜事

吴军：创新不是简单地从 0 到 1，而是从 1 到 9

在现代商业社会中，创造力的重要性不言而喻，但腾讯原副总裁吴军在肯定创造力的重要性的同时，对“创造力到底重要在哪里”这点却提出了不同的看法。

在中国，很少有人知道，特斯拉的创始人并不是埃隆·马斯克，他只是一个投资人，因为投资而成了董事长。这个世界著名的电动汽车其实出自两个科学家之手，而且，特斯拉也并不是世界上的第一款电动汽车。在这之前，美国 GM（通用汽车公司）就已经生产了一款名为 EV1 的电动汽车，而早在爱迪生时期，世界上所有的汽车其实都是电动汽车。

同样，在谷歌之前，世界上其实也早就有了搜索引擎；苹果的引以为傲的视窗界面，也是源于施乐公司的发明。换句话说，这些改变世界的成功商业案例其实都不是立足于从 0 到 1 的创新的。由此，吴军认为，在人类社会，无论是发明轨迹还是文明轨迹，都不是简单地重复原来的工作，而是一个螺旋式的上升。所以，“0 到 1”可能一开始对世界并没有太大影响，而真正把漫长的发展之路走完的那些人（1~99），才会带来改天换地的伟大效应。

◎ 你不能为了卖药而去发明一种病

吴军有句很著名的话，叫“创新很重要，但有时候创新说多了就成了一个伪命题”。在商圈摸爬滚打这些年，吴军在跟上百家公司领导者聊天的过程中认识到，几乎没有一家公司领导者不说自己是非创新的。而此时，吴军不由得想到，如果所有的公司都在说自己在做创新，你再强调自己在创新，意义何在呢？

创新的本质是“新”，很多的专利发表之后，你会发现20年都没有人用它、买它。这是因为新的东西不一定有用，所以创新的关键除了新之外，就是“一定要有用”，所谓“有用”，就是能够解决实际问题，那么，什么是实际问题呢？

在美国，FDA（食品药品监督管理局）曾勒令下架过一款号称治疗“模糊记忆忧虑症”的新药，对此，FDA的解释是，药品生产商不能为了卖药而去发明一种病。吴军认为，这个案例是当下所有从事商业创新的人都要关注的。因为当下很多人在谈论创新的时候，实际上在不断发明一种病，但创新真正要解决的，必然是一种真实存在的问题，也就是一种真正的病。

说到这，吴军说了一个对人类步入现代社会有着巨大贡献的案例——青霉素的发明与推广。青霉素的出现无疑是人类文明的一个巨大进步，它不止使人类的寿命延长了至少10岁，还增强了人类生活的信心。而从青霉素的发现，再到其社会层面的运用，其实就是一个典型的从1到100的故事。

根据历史文献记载，远在英国化学家弗莱明之前，我国在唐朝时就知道使用青霉素来杀菌了。当时如果有裁缝不小心把手给划破了，剪刀也不干净，可能会得破伤风，于是人会用长了一种绿毛的糨糊抹在手上以防止感染。但这些早期的发现，并没有让人们对青霉素产生真正的重视，并为之认真钻研，而弗莱明的贡献就在于，他发现了一种能够被培养出来的青霉菌。

当然，在早期，青霉素一直存在一个极大的不足，就是它的溶度非常低。当时，一升培养液里面只有 2 个单位的青霉素（当下一针青霉素的含量是 60 万单位）。这么低的浓度，使得大家无法相信它的有效性。弗莱明又因为受自身专业领域和沟通能力的限制，无法做到将青霉素进行提纯和分离，也无法组织团队来完成这一工作，因此，弗莱明对青霉素的社会贡献也就止步于此了。

◎ 创新是把一个好点子变成现实

事实证明，单靠弗莱明一个人，青霉素是无法对人类社会产生如此大的影响的。而真正使得青霉素在社会层面达到如此广泛运用的，是另一个英国科学家——弗洛里。

二战时期，英军前线伤亡惨重，军队急需一种药物来减少伤亡人数。而弗洛里敏锐地发现了青霉素的价值，于是他联系上弗莱明，获得了青霉素的菌种（弗莱明这十年间虽然没有研究出成果，但十年如一日不断地培养菌种，使菌种得以一直维持下去）。

弗洛里具有很强的组织能力，还拥有一个执行力很强的团队，能调动很多的资源。恰恰是在弗洛里团队的手上，青霉素得以量产并投入社会中，并获得大规模使用。吴军分析个中成功关键，在于弗洛里团队克服了两个问题：

一、联合工商界，解决技术问题

以当时青霉素溶液中所包含的如此稀薄的单位量，是无法在战场上获得有效运用的，因此弗洛里决定找工业界来帮忙。最初他选择了葛罗素（英国最大的制药公司）进行合作，但当时整个英国已经进入战争状态，企业根本没有钱和精力来支持他。于是弗洛里又到了美国，联合美国工商界进行共同研发。美国的制药公司发现了其中的价值，于是开始注入资本。没过多久，在美国工商界的运作下，很多国际顶尖大学陆续加入进来，青霉素单位浓度一下提高了 1000 倍。一升溶液从 2 个单位提升到了 2000 个单位，实现了质的改变。

二、调动资源，解决从技术到产品的转化问题

解决技术问题之后，另一个难题又来了。虽然青霉素的单位浓度获得了提高，但是毕竟还得把青霉素做成药才能发挥效用（军队不能把一个烂的哈密瓜送到前线），当时弗洛里面对的最关键的问题就是要把青霉素做成针剂药品。这时，弗洛里的资源调动能力和组织能力开始显现出来，他首先找到美国 17 家药厂进行谈判，希望它们出面来帮助他做这件事，最后谈定了默克、礼来、辉瑞、施贵宝 4 家公司。不过因为涉及经济利益，这 4 家公司都提出了单独研制的要求，这又成了摆在弗洛里团队面前的一个现实难题。

但弗洛里运气不可谓不好，第一次药厂会议刚刚开完，太平洋战

争就爆发了，美国顿时被卷入了战争的车轮里。美国工商界顿时团结一致，决定联合起来做青霉素，这一问题立马迎刃而解。（历史证明，整个美国二战期间的第一大功臣是“曼哈顿计划”造原子弹，青霉素就是第二大功臣。当时的科学家、工程师想了很多办法，把 1 升的培养皿增加到 4 万升，然后工厂加班加点地生产，当时人们在工厂的墙上刷上这样的标语：“加班加点生产是爱国行为，挽救前线人的生命。”）

到 1943 年，美国共生产出 21 万支青霉素针剂。最早是在太平洋战争期间给美军使用，后来扩大到英美联军。到 1944 年，青霉素针剂产量增长到 80 倍，到诺曼底登陆的时候，已经能保证每个英美联军的伤员都能得到救治。

◎ 从 0 到 1 固然伟大，但真正伟大的是从 1 到 9

我们抛开历史来看产品，一个真正的好产品，不仅仅本身技术先进，产品独特，更重要的是，能解决时代的痛点和难题。从青霉素的案例中就可以看出来创新的本质并不是创造新事物，而是把好产品与时代的需求联系在一起，并为之持续努力。在商业层面，创新并不是创造一个点子，而是把一个好点子变成现实。

在后世的评价中，说起青霉素，人们都会想到青霉素之父弗莱明，但在吴军看来，弗莱明只是完成了万里长征的第一步，一如发现癌症机理的医生哈里斯说：“如果没有弗莱明就没有钱恩或者是弗洛里的发现，没有弗洛里和钱恩就没有哈特利，没有哈特利就没有青霉素。”

但是诺贝尔奖只能给 3 个人，所以最后给了弗莱明、弗洛里和钱恩。吴军认为，在这三人当中，弗洛里的贡献最大，因为他的组织能力、管理能力和调动资源的能力，使得"绿毛"变成了真正的药。而且在后期，弗洛里从医生的角度做出了一个重大的决定——放弃青霉素的专利权，把青霉素推广到全世界。在吴军看来，无论是从商还是做生意，那些真正做出伟大事情的人，必然都是有着非常的理想与情怀的人。

同理，在对待创意的问题上，走出第一步固然伟大，但这第一步仅仅意味着开始，一如谷歌前工程副总裁 Jeff Huber 在一次演讲中说到的："我们真正的创新不是一个从 0 到 1 的灵机一动，我们要把整个过程走完，我们要不断地问自己有没有更好的办法。很多时候，我们解决不了问题，我们遇到了悲剧，是因为我们没有更好的办法来解决问题，我们需要寻找更好的办法。"这个更好的办法，并不是说一定要换一种新方法，而是把现有的问题解决掉，并把方案变为现实的方法。

产品——从不刻意追求完美

任正非：华为的产品理念——持续改良，循序渐进

《中国企业家》杂志主笔冀勇庆曾在《华为的决策机制》一文中做过这样一番记载：从 2004 年开始，在任正非的建议下，华为成立了 EMT（Executive Management Team，经营管理团队），由任正非和孙亚芳、费敏、洪天峰、徐直军、纪平、徐文伟、胡厚崑、郭平“八大金刚”组成，实行集体领导、集体决策。

除了 CFO（首席财务官）纪平的工作由于过于专业而相对稳定之外，华为的其他 7 员大将都没有固定的分管领域，而是在市场、研发、人力资源等部门轮流坐庄，一方面有利于熟悉各业务领域，另一方面又能防止形成小圈子。

2011 年之后，华为开始实行轮值 CEO 制度，集团层面由 3 位轮值 CEO 各自主持半年，实际上仍然是集体领导、集体决策。不同的是，华为又成立了运营商、企业、消费者三大业务集团，将日常的管理决策权下放给了各大业务集团的 EMT（经营管理团队）。这种新的管理架构有利于各大业务集团聚焦自己的领域，并做出更加灵活的决策。

此外，2016 年 5 月，华为创始人兼总裁任正非与众多 fellow（下属）召开座谈会时，也简要透露了华为的决策方法。任正非表示，华为有两个决策体系：一个是以技术为中心的理想体系，一个是以客户需求

为中心的战略 marketing（市场营销）的现实主义体系。这两个体系在中间辩论，然后达成开发目标妥协。

在这一系列制度调整中我们会发现一个问题，那就是华为所有调整的核心都在指向一个点——如何提高产品质量，在产品质量提高的过程中，妥协又是其中的一个重要组成部分。事实也证明了，在产品的提高与妥协之间，华为一直在试图找到一个平衡，换句话说，华为所追求的，从来都不是完美的产品，而是在研发和推广产品道路上的那个完美的平衡点。

◎ 华为的战略定位

对于华为这个公司，其产品发展战略一直是世人所关注的，但谈战略之前必谈定位，关于华为的定位，任正非曾经说过，华为要做的，是一个管道操作系统，下面是操作管道，中间平台是网络集成，对上还要进行能力开放，把所有内容接进来，实现“管道的三点衔接”（即任何两个点经过一个转接点都能接通）。整个管道操作系统“上不碰内容，下不碰数据”，在支撑别人的过程中，还要充分理解客户需求（包括对方提供的内容需求），同时，在产品本身的定位上，任正非的原则是：“华为上不碰军工，下不碰机密，民营企业要恪守本分。”

任正非认为，人类社会正处在一个转折时期，未来二三十年将变成一个信息大爆炸的智能社会。华为在其中绝不能像小公司一样只赌一个方向，而是要多路径、多梯队研究。在任正非眼里，当下的华为其实就是一个“工程商人”，即使在创新这个层面，也还是工程领域的创新，而不是技术理论领域在创新。华为现在并没有摸到技术创新的脚，但却摸到了技术领域的科学家和教授。

2017年，华为公司首席管理科学家黄卫伟在华营2017新年大课“以客户为中心——解读华为公司的战略、组织与机制”上，对华为战略决策的核心要义进行过一次详细的解说，关键点有如下几个：

一、战略

所谓战略，意指以实现企业的长远目标所做的方向选择、重大取舍和所采取的关键举措，以及对资源分配优先次序的锲而不舍的承诺。关于取舍这个观念，任正非有一个提法，即“战略关键是在略，没有舍弃、没有放弃就没有战略”。

同样，在行业中，企业的竞争战略应当以什么为目标？华为的选择是：以不断提升企业竞争力、成为产业领导者为目标，再直白点儿来说，成为世界范围的行业第一是华为战略意图的精髓所在。

二、价值

经营战略本质上就是创造企业的长期盈利能力，即创造企业价值的方向性的、锲而不舍的选择和举措。所谓“有价值的公司”可分为三个方面：短期看盈利能力，中期看核心竞争力，长期看产业格局和可持续性。以利他的方式达到利己的目的，才是成为行业领导者之道。

三、先人半步

技术非常重要，但是如果这个技术不符合客户需求、超越客户需求，或者达不到客户需求，那它对企业的商业目的来说就没有价值。所以，任正非有一个说法叫作“领先半步是先进，领先三步是先烈”，这是企业在投入研发的时候要把握的一个重要准则。

四、生态

华为在公司的运作过程中经常会采用一种“深淘滩，低作堰”的大战略。深淘滩，即确保增强核心竞争力的投入，确保对未来的投入，即使在金融危机时期也不曾动摇；同时不断挖掘内部潜力，降低运作成本，为客户提供更有价值的服务。低作堰，即节制对利润的贪欲，不要因短期目标而牺牲长期目标，自己留存的利润低一些，多一些让利给客户，以及善待上游供应商。之所以这么做，一个重要目的就是建立生态。所谓生态，其中有几个关键词，分别是：“开放”“竞争”，以及“合作”。

别看华为当下已经是一家如此成功且巨大的企业，但“搭大船，傍大腕，跟着主潮流走”依然是华为在战略选择上的一个重要指向。在这种精神的指导下，整合优秀企业，整合其技术优势、成本优势、质量优势（主要是质量优势），以此来丰富自己的技术优势就成了华为在发展过程中的一个关键倚仗。

五、从不追求完美

著名心理学家马奇提出的一个重要理论叫“有限理性”：人们追求的不是最优而是满意，只要关键变量达到满意就可以了，最优只具有理论上的意义，并不具有现实意义。从马奇的理论看华为，华为组织模式的选择其实跟企业家及高层管理的理性选择特性有一定关系。在华为，任正非的决策理念以“满意”为准则，他从来不追求完美，而是强调“灰度”（灰度的概念来自于“非白即黑”的思维模式），强调妥协，主张改良，主张渐进。

六、炸掉金字塔

在任正非眼中，当下社会所流行的“金字塔理论”其实是一种封闭的模型体系，塔尖上的人的视野决定了“金字塔”的大小。这种个人决定整体的方式本质上并不可取，因此，华为在人才引进的时候选择炸开塔尖，然后综合性地组合精英人才，大家一起探索企业的战略方向和前进方向，而不再将希望寄托在某个人对局势的判断上。

总体来看，“大部队”最大的问题，就是方向不能错。方向不出现差错，一个企业在发展过程中就不会灭亡。世界上没有真正完美的东西存在，而那些比别人做得好的企业，他们永远都走在前进的路上，因此，在华为的企业战略发展中，人们从不刻意地追求完美，而是选择循序渐进，不断改变。对于华为未来二三十年的发展，任正非称，华为在未来二三十年的时间里一定能活下去，而且一定能成功！之所以有这个底气，是因为华为在七八年前就已经把人才“金字塔”的顶端炸掉了！

转型——随波逐流，顺势而为

沈南鹏：一成不变的创业者注定难以成功

“一开始我想成为一名数学家，在上哥伦比亚大学之前我都是这么规划的。但在上大学后，我开始对这个规划产生疑惑和不确定，有次我在散步时看到一本线装书，叫《六祖坛经白话本》。我读完了整本书，从此我明白了，人生不是一个委屈自己的过程，我应该趁着年轻，去寻找自己生命的意义。于是我报考了耶鲁大学的 MBA，然后进入了华尔街。”

在沈南鹏进入华尔街的那个年代，美国商业社会尚在巅峰，而中国还处于十分落后的阶段。那时的美国社会，大部分小孩都有从小赚钱的经历，家里稍微有点儿钱的孩子可能在十五六岁就炒过股，还有些甚至 20 岁时就开过公司。而那时的沈南鹏，还是个二十几岁才结束学业的中国年轻人，没接触过商业，没有任何市场经验，甚至在进入耶鲁大学求学前连《华尔街日报》都没看过，而从耶鲁毕业后，除了一张 MBA 毕业证之外，他什么都没有。

当然，前路的困难给沈南鹏积累了丰厚的人生财富，华尔街可以说是世界上竞争最激烈的金融场所，人一旦处于那种环境中，必须迅速适应快节奏、多动脑的生活，可以说在华尔街 8 年摸爬滚打累积的经验、知识以及相应的眼界和职业素质，为沈南鹏日后创办携程打下了深厚的基础。

针对这段经历，沈南鹏如此评价道：“在华尔街的那段时间，我总有一个念头，我应该尽可能多地经历一些我们那一代人所能经历的事情。”

◎ 成功源于激情与向往

现在让沈南鹏总结“自己为什么要离开华尔街回国创办携程”的话，他也无法给出一个准确的答案，如果一定要说，那只能概括为对成功的向往与激情。

“在那个挺忽悠的年代里，‘泡沫’刺激了我们的创业神经，所以我在华尔街待了 8 年后选择回国创业，因为我有种对自我成功的向往和激情。”沈南鹏说。

携程在创办初期时的全部资金是 200 万人民币，这是沈南鹏、范敏等 4 人的全部投资。当时这点儿钱对于公司而言堪称杯水车薪,所以，如何找钱就成了沈南鹏面临的最急迫的问题。

虽然后来融到的第一笔钱让他们稍微舒了一口气，但却远远不够，因为携程网在初创时期一直处于亏损状态中，一旦资金链断裂，之前的所有努力就会功亏一篑，更不要提未来携程网成长的美好构想了。

当时很多人都认为，沈南鹏是投行出身，融资应该非常拿手才对，但这其实是外行话。当时没有什么大的投资银行是会看得上小企业的生意的，此外，2001 年的中国正处于互联网寒冬时期，想拉到投资可谓难上加难。不过好在年底的时候，以软银为首的次轮融资来了，携程因此熬过了2001年的互联网寒冬。

2001年，携程网开始逐步盈利，沈南鹏开始为登陆纳斯达克铺路。而在2003年，国内也开始掀起一阵上市热潮，但也恰恰就是在那个“黄金时段”，“非典”的突然暴发导致整个中国旅游行业的集体停摆，这个突如其来的打击让沈南鹏至今想起来还心有余悸。幸运的是，推至次年，携程还是成功上市了。

回顾携程这一路走来的经历，沈南鹏有个深刻的感触，就是谋事在人，成事在天，而人只能做好“谋事”的部分。比如携程在刚开始做的时候，沈南鹏等人并没有冒进地将服务直接跨越到互联网上，因为那样做太过超前。他们决定要立足于中国国情，先建立呼叫中心，紧跟着再运营互联网，使二者同时运行，这就是携程网著名的“鼠标＋水泥”经营模式。后来，沈南鹏又将“六西格玛”引入携程网，靠着这种“以服务为中心”的思想提升了企业的竞争力。

当然，哪怕已经做到这个地步，也并不能保证公司就能由此一帆风顺地走下去，创业是一件高风险的事情，作为一名创业者，必须要做好全面（包括失败）的准备。沈南鹏看到，美国的绝大多数成功创业者都经历过一个比较充分的准备阶段，但即便创业走对了方向，有一个卓越的团队，也未必一定成功。有些企业即便没有倒闭，但也从来没有真正达到一定规模和市场份额，而且这样的例子在创业领域比比皆是。所以，很多人都觉得真正的企业家是一群冰冷无情、绝对理性的人，但实际上，真正绝对理性的人就不会选择创业这条路了，绝大多数成功的企业家在理性之下，必然有着对成功超于常人的热情与向往。

投资界有个著名的“51 ∶ 49 法则”，意指很多投向投资人，最后又被“枪毙”的商业计划书并非真的一文不值，只不过这些方案在投资方那里得到的是令人遗憾的 49% 而非 51%。换句话说，哪怕你的方案再好，在投资者这里，投与不投往往只在主观的一念之间。

很多人看到的都是成功创业者的光鲜亮丽，却看不到那些默默无闻的失败。因此，创业者一定要对创业失败做好充分准备，此外，还要为自己从事的新行业做好技术准备，以便让自己能足够“善变”，始终以一种变化的心态去面对市场的变化。

沈南鹏说，他即便在今天去看自己曾经在 2002 年写的《如家商业计划书》时，也会发现彼时的想法和当下的实际情况有很大差别，因为在当时进行创业策划时，他绝对不会预料到企业今天所面临的实际发展状况。所以，作为一名好的创业 CEO，他必须具备的素质就是根据市场的反馈信息来不断修正自己的商业计划，改变自己的策略和方向，尤其在公司发展早期，这更是不可避免的。如果创业者是一个一成不变的人，那么他的创业注定很难成功。

◎ 风险投资三原则：市场、团队、模式

沈南鹏除了是携程网的创始人之外，还有一个重要的身份，就是红杉资本全球执行合伙人。从这个身份来看“创业者如何才能有效拉到投资”这个问题，沈南鹏的答案是：做好“市场”“团队”“模式”这三点，融资成功率就能大大地提升。

一般投资人在审查一个企业有没有潜力，值不值得投资的时候，

首先会通过科学的数据去判断这个企业所从事行业的市场规模。市场规模越大，意味着资源越多，环境越好。比如如家当时有200家酒店，但沈南鹏团队在对经济型酒店的市场空间进行判断后得出一个结论——未来经济型酒店可以做到2000乃至3000家的规模。得出这个结论后，红杉中国对如家的投资就变得顺理成章起来。

同时沈南鹏也提到了，市场空间与市场空间之间也有着规模上的不同，这种不同就像湖泊与海洋。红杉中国要投资的是海洋里的大鱼，而不是池塘里的大鱼，因为尽管池塘里的大鱼可能也比较大，但是它注定只能局限在这一方小小的池塘里。

如何区分池塘中的鱼和海里的鱼，这涉及投资人对投资行业的整体了解。换言之，投资人会将目光从企业转移到整个行业中，考察这个行业正处于一个怎样的发展阶段，是否具有爆发力，行业的整体规模又是怎样的，这些问题的答案是投资人进行投资决策的依据。除此之外，行业统计数据、相关法律法规、地方政府的支持态度等，都是投资人在投资时的考察内容。

在确定了市场之后，接下来的就是对创业者以及创业团队的考察。关于这一点，沈南鹏认为，世界上所有的事情都是“事在人为”，而在如今的创业环境下，很多时候比拼的就是创业团队的能力，能力高的企业和团队才能够适应市场竞争存活下来。

这里提到了他的一个考察创业者的方法：“我很看重跟创业者面对面交谈、吃饭的过程，我认为这样的过程能够考察对方的真正素质。在‘创业能力’和‘创业精神’的选择上，我优先选择‘创业精神’，因为只有创业者有真正的品质和美德，他的能力才能够得以发挥，否则可能会被滥用。如果一个创业者的能力特别突出，但是素质并不好，我是不会投资的。”

◎ 风险投资的本质就是找到稍有不同的商业模式

在如今市场严重同质化的情况下，独特的商业模式是很难得的，而无论是消费者还是投资者，都需要一些独特的商业模式。可以说辨别各种商业模式，从中找出真正独特或者稍微改进的模式，是风险投资的精髓所在。

人靠谱，能力强，但是提出来的商业模式满大街都是，投资人会投你吗？即便你的商业模式很牛，但是在抄袭盛行的环境下，如何保证不被对手拷贝？这就需要在商业模式下还要有无数独特的 idea（想法）。换句话说，创业者要是能够拿出来一个前所未有的、可行的、独特的商业模式，哪怕创业者只有一个人，只有几页商业计划书，也会让投资者义无反顾地投资，甚至还会帮该创业者进行试验，提升创业者能力，为其配备专业团队。

最后，沈南鹏从自身投资经历角度对上述三个原则进行了一个细化，分别是：看人、模式、执行力、客单量、效率、数据。这是他过往投资中雷打不动的六条原则。

这几点归结起来可以做这样一个解读。

一、创始人和团队的能力很重要，但更重要的是，人要靠谱、诚信，不要忽悠投资人。

二、执行力是决定创业公司在初创期后能否融到钱的关键节点，没有执行力，所有的 idea 和远景目标都是空谈。

三、客单量是一个团队能力与成果的综合展现，所有的因素都会在客单量上表现，如团队、模式、执行力等，只要客单量足够好，融资就不成问题。

以上几点所展现的，是红杉中国这种世界顶尖风投公司的投资选择标准，一般来说，达到这个标准的，都是创业圈中的佼佼者。同时对于投资者自身，沈南鹏做了这样一番总结："我认为资本可能是无情的，但是资本的管理者必须有情，必须有社会责任。我们这样的资本就应该扶持中国的中小企业成长，再创造几个携程、如家。为什么携程、如家对社会有帮助、有价值呢？首先它们是透明和赢利的企业。每家都雇用了很多员工，每年给国家缴很多税，更重要的是它们打造了一个民族品牌，它们给中国的消费者提供了优质的产品和服务。"

CHAPTER 02

渠道：向前一步才是天空

想赢得未来，不在于你有多少资源，而在于你能调动多少资源

生存——获得社会认同，企业才能长久地生存

左晖：渠道优势终将被服务质量所取代

“我们存在的意义，给社会带来的价值，创造出的不同，都应该被每一个人思考；创业者更是如此，从产品分析行业，从现状研究趋势，从内容探究本质，样样都要考虑。”

这番话出自链家集团董事长左晖之口，说完这句话，左晖顿了顿，又说道：“过去两年，很多企业，尤其是中介行业都在分析与评论链家，我从不回应，因为他们的评价对我来说并不重要，我不是一个狂妄的人，但他们并不懂我们。”

在公司的延续性问题上，左晖说，他时常会自问自答或者抛给同事几个问题：第一，我们存在的意义到底是什么？到底给社会创造了什么价值？有链家或者没有链家会有什么不同？第二，我们到底是在什么场景下向什么人提供了什么价值？左晖认为，很多创业者都可以这样问问自己。就像现在很多人会把链家定义为是传统企业打击互联网企业的一个标杆，但实际上左晖很反感这种定位，也不愿意扛起这个大旗。在左晖看来，他一方面是什么旗都不想扛，另一方面，这些所谓的定义在他看来都是伪命题。

◎ 任何传统企业忽略互联网的存在，就必然灭亡

这几年关于互联网的线上和线下一直存在着许多讨论，典型的就如：为什么互联网行业在房地产领域的影响看起来没有那么大？

左晖认为有如下几个原因：一个是法则性，互联网改变行业的时候都会遵循三条法则，一是高频或低频；二是标准化或非标准化；三是线下的整合是松散的或集中的。

对比于上述三条法则，房地产首先是低频交易，找到客户非常难。其次，房地产的线下又是非标准化的、零散的。高频交易的时候，从线上往线下做比较容易；低频交易时，线下往线上做比较容易，因为线下的体验非常重要，必须要以服务为核心。

从这个逻辑可以看到，互联网的中介宣传通过消灭门店来大幅降低佣金并不符合现实，因为门店在运营成本中的占比不足8%，其价值却非常大，包括对外价值和对内价值。

对外，门店构成了一个线下“链家网”，而且形成了一种“麦当劳式”的存在，人们在买房、卖房或者租房时很难不去链家问一下；对内，链家的门店为经纪人提供了一个开展业务、接受培训以及精神建设的场所（一个办公室 + 学校 + 教堂的集合体），这两者构成了线下门店存在的基本刚需。

同时左晖也提到了，这些基本刚需的存在并不代表传统企业可以忽视互联网的力量。在他看来，现在大多数线下企业看待线上都会存在两种思路。一部分人会觉得线上太厉害了，整个中国最性感的生意都是线上的生意；而另一部分人在经过一段时间的观察后，则认为那

看起来很厉害的互联网企业似乎也不过如此。对于以上两种思路，左晖认为尤其需要警惕的就是第二种，因为互联网发展所带来的影响是普遍而深远的，现代社会任何行业都无法逃避互联网的深远影响，忽略必然带来失败和死亡。

关于创业，左晖谈到了一个现象，就是很多创业者擅长演讲，喜欢造梦，可是，怎么让员工的观念与行动能够跟上创业者的步伐，却是创业圈中普遍存在的难题。相信很多创业者也经历着同样的过程，在这个过程中，对一家公司而言，大多数所谓的执行力出了问题，皆是因为战略能力不够，洞察力不够。而问题的症结在于：首先，中国的企业今天的战略能力都比较弱，想把梦想与现实的连接性与实施步骤说清楚这件事情本身就很难；其次，很多创业者没有搞清楚企业发展的关键路径是什么。管理的落地、组织、绩效、IT 支持，这四项一项都不能少，但这却是大多数初创企业都比较缺乏的基本功。

左晖说的这些并不是单纯的纸上谈兵，对他而言，上述这些过程，其实本质上就是他在创业过程中的切实经历，而当具体落实到经营上的时候，左晖和链家又展开了哪些行动呢？

◎ 在这个国家，有一个物种特别少，就是傻瓜

2009 年，左晖发起了“真房源行动”（真实存在、真实在售、真实价格的房源）。当时很多一线经纪人觉得老板疯了，迫于压力，左晖也只好暂缓这个行动，并在此后两年时间里不断说服那些理念较正的经纪人，到 2011 年，才争取到了超过 2/3 的经纪人正式开启“真房源

行动”。

在左晖发起“真房源行动”之前，中国房地产中介行业有个所有人都遵循的潜规则，就是真假房源同时发布，用假房源去吸引准客户，以推动真房源的销售。大家之所以都这么做，有两点考虑：一、如果只发布真房源，房源会非常少；二、真房源的报价比假房源的要高，准客户很可能会被吓跑，转而咨询那些发布假房源的中介。

而左晖推动“真房源行动”的原因概括起来有两个：一、链家当时的规模已经很大了，但名声不佳，越扩张就越被骂为黑中介；二、房地产中介的需求被长期看好，但历史欠账严重，因为大家都挖空心思地进行各种很低级的竞争，但客户不是傻子，骗一回两回可能行，但上当三四回的就少之又少了。而且人们必然还会把上当受骗的经历对外传播，久而久之，生意自然就做不下去。

可想而知，这个计划执行起来的难度非常大。首先就是数据问题，这个问题涉及两个方面，一是房源的真实性，二是要统计全北京乃至全国究竟存在着多少真实的房源信息。左晖回忆说：“我找人一栋楼一栋楼地去数，数了三遍。前两次派经纪人数回来的数据，质量并不高，仍不乏虚报、照片造假的情况。2014 年起借着全国扩张，我们一次性雇用了 500 位兼职人员彻底数清楚了 24 座城市的 6000 万套房子。因为有先前的教训，为保证真实性，在第三次数房大战中，每个人都要佩戴 GPS 定位仪，完成定位后就地拍照，后台会对比 GPS 记录的停留时间和照片显示的拍摄时间，如果一致，才视为有效数据。”

其次是经营问题。当“真房源行动”真正启动后，链家的房地产经纪业务在 3 个月内出现连续下滑，还出现了离职潮。左晖当时对团队说道："首先我百分百地和你们保证一个事情，就是现在只要我们发了真房源，一定会流失大量的客源，但是，我再和你们百分之百地保证第二件事情，就是在3个月、100天之后，这些流失的客源一定会再回来。所以，就看你们相不相信消费者是理性的了。**在这个国家，有一个物种特别少，就是傻瓜。我们就来做这个傻瓜！**"

当下，很多人宣称要赚信息不对称的钱，左晖认为那是农业社会时期的局面。今天的消费者的问题在于，他们无法在信息海洋中甄别出有效信息，这时职业房地产人的价值就出现了。消费者对中介的要求其实并不高，就是"你别骗我，房子有什么问题你都告诉我，而选择权在我"。从长远角度来看，所有优秀的组织其实都是这样，懂得放弃短期看起来不错、长期看起来很麻烦的事情。

◎ 一定要以自己的专业获得自己的尊严

左晖认为比房源问题更重要的是人的问题："大家都说销售员是最不好管的员工，尤其是中介，这个行业的名声很不好。的确，当我看到经纪人喊口号、在路边举牌揽客的行为时，也会感觉尴尬和无所适从。"

左晖认为，过去这么多年，整个中国大陆的房地产经纪行业完全被"港式中介"给带坏了，大多数的企业都是所谓的成交为王，而在满足客户需求这点上却有着太多的缺失。

在美国，经纪人的平均年龄是30多岁，平均从业时间则长达14年。而在国内，一直以来，房产经纪人基本都20岁出头，从业门槛也低。经纪人把这个行业当成什么了，是一个职业还是只是个活儿？因此，对于房产中介行业中产生的种种负面现象，左晖认为，要看到的是生成这种现象背后的原因，不解决这些问题，这些现象就永远不会消失。

对于职业荣誉感，左晖这样说道："在我看来，这个行业太需要尊严了，而尊严恰恰离我们这个行业太远。我的孩子上学后，老师也许会让她写篇作文，名叫《我的爸爸》，她就得写：我的爸爸是干中介的，是北京最大中介的头子。有多少孩子愿意说自己的爸妈是干中介的呢？"

因此，他在关于如何收获尊严方面提出了两个观点：一要专业，二要操守。对于"专业"左晖特别提醒："专业就是专业，而不是什么话术技巧！"在他看来，现在地产中介的行业培训根本不是从零起步，而是从"负一百"起步，很多的资料都是话术，话术就是告诉你怎样骗人。因此，如果有人真的在培训里面教给经纪人如何在某一个领域满足消费者需求，哪怕教给经纪人的是如何正确接听消费者电话，这件事情都非常有价值。

所谓操守，就是教导经纪人向长远看。当人们将中介作为终身职业的时候，才不会去把欺骗消费者当作主要收入渠道，这样行业人才的流失率才会降低。在房地产行业里，以前很多经纪人的知识水平相对较低，也没有长期的规划，所以经常换工作。面对这样的情况，链家只能招聘有大学学历的经纪人，这无疑是无比艰难的。前几年，链家刚刚进入深圳市场，那时深圳极少有大学生愿意做房产经纪人，而链家要做的就是改变这个现状。

在专业和操守之外，左晖认为，摒除"唯上不唯下"的思维，是任何行业里人们想要收获职业荣誉都要做的，尊严这件事要从内而外。如果公司的一线销售人员在内部都得不到尊重，他们在外部也将得不到尊重。如果整个公司的文化是“唯能不唯上”，不只由上司的脸色决定员工的升迁，这个企业想不成功都难。

今天很多的互联网中介的发展方向就是去压榨经纪人，给他们更多的压力。但左晖不这样认为：“我们强调经纪人要有安全感。这种安全感分两方面：一个是提供给他们较高的底薪；另一个是给他们比较好的保障。比如，经纪人被跳单了，链家会对他做出补偿。你很难想象一个没有安全感的经纪人怎么能服务好客户，而安全感是写在脸上的。前两天看过一个词叫‘高贵的平民’，颇有感触，我们是做服务行业的，永远都是服务行业的一个平民，但是一定要用自己的专业获得自己的尊严。”

◎ 中介可能不高端，但绝不卑微

左晖认为，企业文化最终会落实在企业的价值观上，而企业的价值观则会在无数细碎的管理行为中，随时随地展现出来。在链家，左晖强调最多的就是两点：第一，保证离职员工的利益，绝对不允许发生拖欠离职员工薪资事件；第二，链家绝不允许切同行的客户。之所以有这样的规定，其实都是为了构筑员工的心理安全网，只有保护了离职人员的工作利益，在职员工才能放心。同样，当链家连同行的客户都不切的时候，链家内部的同事之间才不会去互相切对方的客户。

2016 年，百度、滴滴以及链家的“2・23 事件”，在社会上产生了很大的影响。左晖去银监会做汇报，说到链家的理财业务的时候，有领导对此产生了怀疑，当时旁边有一个小姑娘怯生生地说了句："他们是这样的，我买过他们的产品。"就这一句话，在左晖心里顶过了他说的一万句话。换句话说，不管链家碰到什么样的危机和问题，一定会有一招能够化解，那就是能有客户站出来说好。

左晖在许多场合都坦言，现在链家做得还远不够好，大家之所以觉得链家还行，并不是因为链家做得真的好，而是同比的标准线太低了，换句话说就是"真的不是消费者选你，而是消费者没得选"。在左晖眼中，服务业本来就是人才的洼地，而地产中介这行就是洼地中的洼地。左晖从来没有发现过任何的一起消费者投诉里链家是完全没有问题的。

因此，在他看来，除非将来有一天链家真的做得让用户非常认同了，否则还是无法避免陷入和其他中介行业进行同质化竞争的泥潭，在这个泥潭里，大家比的是谁的管理更精细，手段更凶残。但这些东西是没有意义的，因为今天的中国，这类品牌实在太多了，所谓的强，无非是占更多的市场份额，而市场份额的根本保障是什么？或者说一个品牌区别于其他品牌的核心竞争力是什么？在这些问题上找不到答案，那么一个企业无论看上去有多大多强，其实仍然还是处于朝不保夕的状态。

左晖认为，他们这一代人的宿命，可能注定了只能做一些格调不是那么高的事情，青史留名一说实在太过遥远。前段时间左晖看过一个说法，说美国优秀的高科技企业，比如特斯拉、微软，都在干特别高大上的事情，而中国优秀的高科技企业都在"送盒饭"，但是这个时代，也许这些"送盒饭"的企业才是真正伟大的企业。

当下的中国消费者，在基础的商品和服务的体验上的获得感是缺失的，所以中国应该有一批企业在这些领域里有所作为，起码让整个中国人的生活质量有一个基本的保障。而左晖作为这个时代中的一名企业家,他觉得自己如果能在这些事情上有所作为,就已经很了不起了。

需求——“偷懒”是客户的核心需求

知识付费：让客户一边偷懒一边进步

2016 年被称为“知识付费元年”，喜马拉雅、知乎、得到、分答等平台成为先行者。2017 年，新入局者也纷纷跟上，以 BAT（百度、阿里巴巴、腾讯）为代表的互联网界扎堆进入，布局各自的内容价值平台。各路人马迭出高招，用专栏订阅、付费课程、内容赞赏、有偿问答、社群等形式实现内容变现。知识付费在短短一段时间内便吸引了国内绝大多数互联网企业的目光，成为创业的又一个新风口。

回顾 2017 年 3 月，罗振宇宣布《罗辑思维》的周播视频停更，退出其他音视频平台。4 月，喜马拉雅 FM 发布和马东携《好好说话》原班人马打造的全新付费音频节目《小学问》。5 月，蜻蜓 FM 发布了联手高晓松做的付费节目《矮大紧指北》。这时候，知识付费的头部 IP 仍旧有限，两大音频平台在面对外部竞品入侵的同时，仍旧保持你争我夺的态势。7 月，papi 酱任职分答“不设限青年研究所”首席洞察官。这是“分答”拉来知识网红站台的第一次尝试。8 月，今日头条加码悟空问答，砸钱签大 V，并且上演了一出公关攻防战。9 月，罗永浩和 papi 酱先后停更得到和分答……

最后是 2017 年“双十一”期间，知名公众号“新世相”发文，推出了一款文化优惠礼包，计划用一年时间，请至少 12 位名家提供 12

个读书专栏，每天用 20 到 30 分钟为用户品读一本书。产品收 365 元的年费，相当于一天一元，其打出的口号正是“我把未来的 365 天，一天一天卖给你”，该文章的阅读量迅速超过 10 万。

不到两年的时间，知识付费仿佛潮水般涌入互联网市场，俨然有成为网民一大主流日常购物体验的趋势。那么，知识付费的内核驱动究竟是什么呢？

◎ 速成知识是知识付费的重大板块

在现代商业社会，很多都市白领的一天是这样度过的：早晨闹钟响起，睁开眼，立马抓过手机，打开“得到”听 60 秒音频课程；吃早饭时，打开“喜马拉雅”，听 30 分钟的诗词放松心情；上班路上，点开“知乎 live”听几个知名答主的经验分享；午休时间，又点开“在行”，抓紧学习学习；晚饭后上床，打开“直播”，听一些名人的创业指南，然后带着满满的充实感进入梦乡。

准确地说，这是一个时间短缺的时代。许多都市职场白领都认为，不能把大量的时间耗费在选择上，希望短时间就能掌握某项技能。而无论是购买书籍还是接受教育，知识从来都不是免费的。在互联网时代，知识付费代表着一种新的产品载体，在碎片化传播、信息泛滥的场景之下，知识被筛选出来并包装成商品推出。

当下，尤其是在都市职场，人们普遍会存在一种知识焦虑症，这是源于科技的迭代过快，使得人们对新知识、新信息和新认知迭代始终有一种匮乏感，担心自己知识匮乏而落后于社会和他人从而产生的一种心理恐惧。国家信息中心发布的《中国分享经济发展报告 2017》显示，2016 年，我国知识领域市场交易额约为 610 亿元，同比增长 205%，使用人数约 3 亿，约占到中国网民总数的一半。**从用户需求来讲，知识付费瞄准了人们在“没时间”与“自我提升”之间的摇摆与焦虑感，催生了为成长买单的购买行为。**

目前，业界将知识付费领域分为三种类型：一是专业性强的课程，学术或业界大牛为专业内容背书，比如“豆瓣时间”“得到大咖专栏”等；二是适用于通勤路上或者睡前，为用户提供简易即食的信息满足，比如一些付费音频专栏；三是针对用户对知识更为迫切直接的应用性需求，如职场进阶、实际技能等。

业内人士普遍认为，一种业态想要走向成熟，混乱与迷茫是必经之路。知识付费这块新版图亟待后来者奋力开拓、激浊扬清、重塑规则，而与此形成对比的是，“退烧”成了知识付费产业观望者口中的一个关键词。这样的判断来自一个个现实案例——先是曾在两周内收获 5 万付费用户的某“商业内参”改名“知识内参”，标价变为免费，之后又是“得到”和“分答”上不少收费栏目停更。近期，一篇题为“××× 的骗局！大部分知识付费其实都是大忽悠”的文章在社交网络上广为传播……知识、技能、经验，真能待价而沽吗？这些因为二次加工而显得“更易吸收”的知识商品最终能否实现购买者预期的“知识获得感”？一连串的问号在不少人心中升起。

◎ 知识市场平台化是大势所趋

传统的知识付费几乎是每个人都经历过的，从学生时代的学费到长大后接受各种培训机构教育的费用。传统型知识付费就是以获得某种资格或者能力为目的,甚至是不得不花钱参与的学习活动。简单来说，这些形式都发生在考试解决一切的年代。但在职场上，无论你是老板还是小兵，新的焦虑会层出不穷，再也不可能用单纯的分数来衡量一切了。

职业技能、投资决策、审美能力，这些都没有标准化的答案，但却是困扰都市白领的三大问题，所以这一波知识付费的内在驱动力其实来源于大众的焦虑。那么,什么样的知识才能有效解决这些焦虑呢?这是当下许多知识付费平台都在思考的问题。

投资了知乎和得到两个“先驱者”的启明创投合伙人黄佩华也曾表达过，目前有大量很好的内容提供商即传统媒体工作者出来从事内容创业，而中小型的内容提供方也在不断尝试付费的内容。但必须强调的是，为内容付费有一定的门槛和淘汰率，仅仅提供知识类的内容，在可持续性方面将会面临比较大的挑战。

按照华映资本创始管理合伙人季薇的观点，知识付费已经进入中场，平台、公众号在不遗余力地增加和运作，一些具有知识属性的垂直领域内的应用和公众号都将知识付费作为自己补充的商业模式。但一旦进入中场后，对各家的要求都提高了，新进的玩家获取流量的成本已经大大提高，如何进行市场的分众化和运营的精细化，以及如何提供好的内容，对现有玩家而言非常重要。

如今知识付费领域可以说是红海，也可以说是蓝海，想要提高竞争力，头部内容仍不可或缺。平台挖掘中部及接近头部的大V，和这些大V的工作室共同制作付费内容应该会成为主流。知识付费越来越趋向缓解用户的身份认知、工作焦虑和阶层隐忧的功能，长远来看，内容创业者完全可以深耕一个领域开自己的“学校”，而知识市场社区化、平台化则是大势所趋。

◎ 当下知识付费的特点：高频、日更、小额、碎片

知识付费发展到如今也不过才短短两年的工夫，却已经超过了发展多年的电子书。创业邦总裁方军坦言，在新技术、新用户环境下，知识正在被重新生产一遍，而知识付费的兴起就是开端。

互联网专家戴维·温伯格曾在《知识的边界》中提到，当知识变得网络化之后，房间里最聪明的，已不是站在屋子前头给大家上课的那位，也不是房间里所有人的群体智慧，而是房间本身容纳了其中所有人的思想并把它们与外界产生联系的这个网。因为知识付费的出现，“最聪明的房间”对知识的重塑变得更为直观。

知识的简化与浅化、知识的超载与爆炸、专家的变迁以及知识付费成为一种信息的筛选机制，是当下可见的四大变化。方军分享了一个出现在知识付费领域的真实案例。一位在网络上受追捧的心理学“大师”，心理学界许多专家却对这位“大师”普遍评价不高，认为他学术上并无出色建树。然而，网友却觉得他分享出来的案例分析“接地气、答案清晰明了，听了让人很有收获”，因此付费者众多。

这个案例正是当下“知识生态链”变迁的缩影。互联网将庞杂的知识推到大众面前，传统意义上的学术性学习讲究全面、深入，从理论到实践有着较远的距离。与此相比，在某些特定领域，给出简单明确的答案或解决方法的学习，似乎针对性更强，效率更高，更受欢迎。尤其随着手工、美妆、育儿等各种知识门类的兴起，专家的定义也在改变，谁都可能是专家，关键看面对的是什么问题。付费意味着内容供给者对购买者的承诺，从某种意义上说成了筛选靠谱信息的有效机制。

但大多数知识付费用户所面临的主要矛盾其实也在于此——知识的极大丰富与思考能力没有同步提高之间的矛盾。用户想获得思考能力的提升，但知识付费碎片化的解答方式显然难以满足这种需求。

互联网的便捷让沉溺其中的人不愿再动脑子，遇到问题从“一搜了之”到“一问了之”，逐渐丧失了思考能力。有了知识付费平台，人们还需要自己思考吗？知识产品仍未摆脱互联网碎片学习的属性，知识更需内化为一种思考能力，而非以数量积累取胜。

◎ 小心知识付费的变味

“花钱能否买到更好的自己”是当下许多知识付费尝鲜者的质疑点。被知识付费改写的知识样态受到的争议越来越多。知识被待价而沽，其中售卖的到底是一场场包装大于内容的营销故事，还是真正能启迪智慧、造福生活的内容本身？各种质疑声的背后，是市场对更有意义的内容以及更专业个性服务的需求升级。

就目前的市场情况来看，在知识付费领域最活跃的往往不是知识的生产者，而是善于营销的“中间商”，他们对市场上的基础材料进行加工整合，以“畅销品”面目推向市场。专业、艰深的知识被“压缩”“包装”成极易吸收的“二手货”，能有多少知识含量或者思想营养，要打上一个大大的问号。联想到知识付费领域对“知识焦虑”这一概念的强调与热炒，碎片化、浅显化的知识付费产品顺势成了治疗焦虑的特效药，让知识付费的兴起更像一桩“事先张扬”的营销事件。

因此，无论是创业者、投资者，还是消费者，都要小心知识付费的变味，成为某种盲目跟风甚至“炫耀性消费”。网上有些课程主打的“几分钟讲解诗词”“带你品读名著”“三分钟学到几大技能”等栏目，将一些趣闻常识串联，追求浅白、轻松，没有学术门槛，甚至信手拈来，错误百出。当下已经有不少的学界学者开始质疑：这种“知识”付费，其实是牺牲了严谨与深度的学习，恐怕买到的只是缓解知识“焦虑”的安慰剂而已。而要把握住知识付费市场，尽量占据相关红利，首先要解决的就是这个问题。实际上，人类在生活和自我成长的便利与有效性上的追求，可以说是人类社会在科技发展上的一大关键动力，而知识付费的核心竞争力也没有脱离这一范围，**谁能真正实现让人一边偷懒一边进步，谁就能得到知识付费的最大红利，谁在这一方面做得最有效率，谁就能在知识付费领域独占鳌头。**

流转——激活痛点才能找到卖点

罗振宇：知识付费就是针对用户不懂但想懂的事情去提供服务

◎ 知识付费平台的架构特征

“知识付费”是近年来内容市场无可争议的大热点，有别于互联网上大部分的免费内容形态，“知识付费”在内涵上充满了精品性与界线划分。知识付费其实不是件新鲜事，毕竟纵观古今中外，教育行业本身就是知识付费的一种普适化形态。

当然，与教育行业的强制性与被动性特征不同，知识付费强调的主动性学习是其区别于教育行业的一大主要特征。而在当下，知识付费究竟是怎样的操作流程？在全民免费的互联网时代，知识付费的创业者又要从哪些方面进行切入和发展呢？

要摸清楚这些问题，我们先要看到，随着互联网的发展，当下社会人群在知识接受方面有了哪些新的变化：

一、与传统教育行业学生无选择、被动地接受知识信息不同，知识付费的用户们更加关注学习内容的有效性、权威性以及传授知识方的互动性和高效性。换言之，“学生”对“老师”的要求，相较于过去存在着较大的颠覆性。

二、受教育的过程不再是在固定的时间、地点中完成了，用户们更希望利用空余的碎片化时间来学习高质量的知识内容。

三、传统教育在无形中极大地增加了当下社会人们对于知识匮乏与学历门槛的焦虑。这种焦虑使得人们迫切需要一个“教育外”的途径来更加高效地增加自己的知识深度与广度，同时还需要在这个过程中与人沟通交流，以达到情感上的宣泄与共鸣。

四、知识付费不是教育，而是一种消费习惯。这种消费习惯目前正在青年人与职场人士中逐渐普及开来，在不少人的日常性消费中，知识付费并不会被人们视为“教育投资”，而是一种商品购买形态。在这种改变下，知识付费相较于“教育投资”就变得更加轻松和感性。

“罗辑思维”创始人罗振宇认为，教育、出版和传媒，这三大内容产业原先是分开的，适应人的三种学习需求。而近一两年，这三大产业正在融合，底层被打通，壁垒在消失。在这种趋势下，做传媒的就可以跨界到出版或教育领域，从知识传播的免费模式进入收费模式。

此外，从当代人的生活形态来看，日益普及的付费习惯、便捷的支付手段、希望减轻信息负载的社会心理，也为知识收费提供了有利的条件。所以，只要具备以下几个特征，知识付费服务就可以获得稳步成长。

第一，知识内容提供方必须是领域内的顶尖高手，这是内容权威性的最好背书。

第二，服务姿态低。知识内容的提供方不是教育者，它对用户不具备强制性与约束性，同时提供方必须按照用户的需求来制定内容，而不是根据自己的“教学大纲”来做安排。所以，内容提供方必须用服务者的视角来看待自身与用户的关系，否则用户将不会向你聚拢。

第三，价格便宜。就像由“罗辑思维”团队打造的“得到”平台的产品现在统一定价每年 199 元一样，用户每天用 5 毛钱就可以雇用一个顶级知识分子来为自己在某个领域提供专业内容服务。

第四，必须针对用户不懂但想懂的事情来提供知识服务。用户并不是要漫无边际地学，他们要接受的教育是有范围的。

很多人问罗振宇是怎么跟内容方合作的？答案很简单，就是把打造“罗辑思维”的能力平移给他们。“罗辑思维”围绕罗振宇的个人特质、IP，已经把从免费产品到标志性产品的纵深做出来了。所以，“得到”知道什么时候该干什么事，以及干这个事的分寸、尺度如何。

◎ 竞争格局 :“得到”和“知乎”率先突破，竞争者模仿创新

知识付费正处在发展前期，市场空间尚无明确定论，在此时，各个细分领域的领先者就成了整个行业的风向标，其成长过程中的种种特征与局限性也因此被展露出来。

总体来看，以“知乎 Live”与“得到”为例，知乎的成功之处在于其首先圈出了“知识型准中产”，定位那些年轻、高学历、相对高收入的精英人群，手握如此多高质量、有黏性的用户，几乎相当于拥有若干块低成本、可供试错的良田。

而“得到”的成功之处则在于它开创了 PGC 类（Professional Generated Content，专业生产内容）付费订阅，并从中展现了一个事实——知识变现不必回到媒体逻辑（卖广告）和传统（卖书）的老路上，

直接收费就是可行有效的。

当然，直接收费是有其特征与底气的，首先“得到”的风格鲜明，在精准定位受众群的基础上，又精准定位了这些用户的需求。而这些用户，就是那些在生活中有着持续学习的紧迫感，却又因各种原因无从入手的用户。

其次，“得到”筛选出了各行业中适于打造的知识型人才，为他们个人及内容进行了全方位多维度的包装。而且“得到”本身在机构运作上的规范性和持续性，使得他们能够稳定地产出高质量的内容。

最后，“得到”平台上所包括的知识内容是体系化和高效的，大部分内容在“得到”之外的渠道无法找到同样特征（包括选题、体系化的组织方式、知识传递效率等）的替代品。

总体来说，“得到”其实是把产品往后退了一步，没有做那么复杂的功能，直接就用好内容收费了，不要说互动，甚至前期连售卖产品的评论都没有。但良性的交易也是通往社区的捷径，“得到”逐渐改善，用户试读、分享、评论也形成了良好的社区氛围。此前从未有人成规模地、系统性地尝试，而“得到”却独立完成了从内容生产、传播到分发的全流程，开创了一个新的方向。

◎ 价值 1500 亿元的知识付费红利

当下中国的知识付费市场中，“得到”和“知乎 Live”分别代表了知识付费 PGC（Professional Generated Content，专业生产内容）和 UGC（User Generated Content，用户原创内容）两个方向的行业高度，虽然潜在用户群相同，但二者却各有自己的立足点。区别在于“得到”在 PGC 方面进行深耕，“知乎 Live”的产品则相比单纯的语音或文字付费问答更加丰富具体，更具有产品观赏性。此外，“知乎”引入类似直播的形式也大大提升了用户和内容创造者的体验。

如果类比电影行业的发展，知识付费就好像 2002 年的电影，全年才 9 亿的票房，乍一看 PGC 的领先者“得到”就像张艺谋，一部《英雄》就占了全年 30% 的票房。在此刺激下，各类玩家演化成了几个派系：有创作能力的头部内容的平台摩拳擦掌期望着成为接下来的姜文、徐克、徐峥；手握流量的小平台则开始对接各种内容资源，尝试如何成为发行公司。然而略有遗憾的是，无论在 PGC 还是 UGC，市场上出现的玩家更多的是同质化跟随竞争：付费问答火了，之后就是各细分行业的付费问答，只有少数人把产品推进到了更先进的模式。

从现有的调研情况来看，中国社会中，知识付费的主要人群由高学历、白领、经常买书的人组成。这些人的主要特征有：一、年轻化为主流，越年轻的人群付费习惯越好；二、收入高，经济能力强的人群更容易付费；三、对事业进步有较高的渴望。

根据 CNNIC（中国互联网络信息中心）数据，当下中国本科以上的互联网用户约有 8400 万人，大专学历的互联网用户约 6600 万人，公务员有 3500 万人，白领或一般职员约为 1400 万人。知识付费的模型内核其实很直白，平台收益甚至不由用户流量所决定（传统平台流量大才可以转化广告收入），而是只要拿到好的内容，就自然会有用户送钱付费，这甚至意味着知识付费会有无限趋于 100% 的付费比例。

按照当下的趋势推动下去，预计 2020 年时我国知识付费的用户数会达到 9000 万的量级，这类用户占 2 亿高学历人群的 45%，占互联网总用户的 12%。

当下，“罗辑思维”的“得到”拥有的付费用户量是 79 万，付费专栏销量 144 万，意味着 ARPU（用户平均收入）至少有 360 元。如果单纯以 360 元的 ARPU 值来对行业的未来空间做预测的话，即 2 亿人群、45% 的付费率、360 元 ARPU 值，意味着行业在 2020 年有达到 320 亿元收入规模的潜力。假设知识提供方分成比例为 50%，则平台方有 160 亿元毛利，分别假设 64 亿元获客成本（20%）、30 亿元运营成本（9%）和 17 亿元税收，则平台盈利 49 亿元。以 30 倍估值计算，市场规模有望支撑近 1500 亿元市值。

而如何将这 1500 亿元的红利转化并得到有效变现，这是一个值得思考的问题。总体来看，当下所有的知识付费平台都还处在发展的初期阶段，未来 1500 亿元的市值将由谁来占据大头，当下是无法确定的，但从“得到”和“知乎 Live”这两个当下发展最好的平台所遇到的问题来看，在未来知识付费领域的竞争中，人们或许还是要关注一些老问题，比如，新模式的可持续性，毕竟既然变现不再是问题，那么在同行竞争中，内容的优胜劣汰就成了重中之重，谁能够真正在社会中找到甚至激发那些隐藏在人们生活与心理中的问题，并给予最优解答，谁就能笑得最好，并笑到最后。

CHAPTER 03

客户：把需求做小，生意才能做大

谁最懂人性，谁就最可能投出“独角兽”

改变——经验是进化者的死敌

松井忠三：无印良品最大的失败是经验主义

1980年12月，无印良品作为大型超市西友的自有品牌问世。在全球经济萎靡不振的情形下，无印良品将“便宜”和“高质量”这两个容易相互矛盾的要素结合起来，迅速获得了消费者的青睐。在日本泡沫经济崩溃、全国经济低迷的情况下，无印良品的业绩增长势如破竹。1990年到1999年，无印良品的销售额从245.1亿日元升到1066.9亿日元，常规项目下的经营总额从1.25亿日元升到107倍的133.6亿日元，经常性净利润率由0.5%攀升到12.5%，一跃成为流通行业中为数不多的高利润企业，时至20世纪90年代后半期，一直不断发展壮大的无印良品铸造了当时日本流通行业的“无印神话”。

但是从2001年起，无印良品开始遭遇滑铁卢，经营业绩急转直下，从1999年度的17350日元的股价，到2000年度末只剩2750日元，缩水率达84%，这一情况直到时任专务董事松井临危受命，开始大刀阔斧地改革之后才得以转圜。

◎ 危机的六大因素

一、自骄自满，静不思变

无印良品崛起于1990—1999年这段时间，这十年恰是日本经济大萧条的时代，其他行业的业绩节节下滑，但无印良品却在这段时间里描绘出了一条极其强劲的成长轨迹。这种成功使得无印良品内部从上至下出现了一种骄傲自满的情绪。每个人都认为自己做得很好，不需要向其他公司学习和改变。情况最明显的就是公司在自身品牌理念上的僵化。松井回忆，无印良品在1986年前后便完成了品牌形象的树立，这种品牌理念在20世纪90年代一直处于领先状态，但因为无印良品自身的懈怠，原本先进的品牌理念开始逐渐落后于时代。而其他有着更新更符合用户需求的品牌理念的竞争对手的商品生产，也提高到了可以与无印良品抗衡的水准。这直接导致了十年前便再未打造锤炼品牌的无印良品在市场竞争中节节败退。

二、机构冗余，决策缓慢

公司快速成长所带来的必然是规模的不断扩张，但这种扩张所带来的“大公司问题”却是无印良品必然要面对的，内部组织结构的冗余庞大，官僚意识衍生，过分强调纵向组织结构，使得原本的精英团队变成了行动、意识都极度迟缓的庞然大物。这一方面给公司的商品开发带来了极大的负面影响，另一方面也使无印良品的市场竞争力急速下降。

三、群体不作为，众愚政治

在当时的无印良品内部，作为决策机关会议的董事会议成了一种形式上的例行公事。此时，无印良品几乎每个项目都采取董事会举手表决制，根据少数服从多数的原则决定是否开店。这种方式似乎相当民主，但后来松井回忆道："那时大家的状态好比众愚政治，人们跟随大流，没有自我的思想，也不会立足于市场和环境去做判断。"

四、忽视根本，头痛医头

针对业绩下滑的现状，无印良品始终采取治标不治本的短期性应对措施。店面销售额的下落使很多方面都陷入了无序混乱状态。最为典型的就是当时形势最为严峻的服饰杂货部，这个部门在短短三年时间里更换了五任部长。不仅如此，在商品开发上，无印良品也只是采取了应急策略，比如，模仿其他公司畅销商品的设计，一改商品原本只有黑白和自然色的基调，加入其他颜色，并将这些无视无印良品"原则"的商品摆上了店铺的货架，等等。这使得无印良品的品牌形象在短时间内急速下滑。

五、领导更迭频繁，管理秩序混乱

良品计划的创始人木内政雄社长于 1997 年 8 月回西友工作，专务贺馨接任，成为新的社长，团队领导者的更换所带来的混乱，对当时已经呈现颓势的无印良品来说无异于一个催化剂。事后松井忠三总结道："从创始人手里接管过管理权的领导，行事必须谨慎，并且一定要有组织能力。为了使企业能够不断发展，建立完备的组织体系和创造相应的公司氛围是非常重要的。而无印良品在以上条件都未具备的时候，公司就脱离了创始人的指导和运作。”

六、没有长期规划，忽视消费者需求

无印良品商品总部部长兼专务董事金井曾说道：“无印良品曾经是靠‘能卖掉就行’这一盈利主义的思想在服装界立足的。”这种思考方式无疑完全背离了从消费者角度出发的换位思考理念。从某个角度来看，这一理念正是无印良品在市场上节节败退的根本原因。

回忆当时的情景，金井说道：“销售固然重要，但当无印良品将心思全用在生产畅销产品的时候，本身所拥有的优良品质也随之消失，顾客也会弃之而去。”与此同时，良品计划内部也不停陷入僵化的沼泽，公司内部采用的全部是管理型体制，与此相对，打破腐朽、推陈出新的力量正在不断减弱。在此情况下，无印良品更无法集中力量去改变公司“内部背离成立初衷”这一现象了。

◎ 四大改革带来浴火重生

在 2000 年前后，服饰杂货、生活用品和食品这三个部门都因为各个领域竞争对手的强大攻势而大受影响。竞争对手的强势崛起无疑加速了无印良品的衰败，对此，时任社长松井表示：“在主营的商品市场里，新的企业不断崛起，而这时公司整体实力都在减弱，因此这些外部因素的影响也非常大。”

为了推动企业的构造改革，良品计划在公司内部设置了 7 个经营改革项目。

一、清理存货

清理存货是松井就任社长后做出的一个改革决策，当时的松井认为，只要还背负着这些不良库存，公司就不可能获得重生的机会。于是，在2001年8月份，公司一口气清理了价值约为38亿日元的不良库存。

与此同时，因为之前无印良品曾以“2003年、50家店铺、200亿日元”为目标，积极在海外设立店铺，最后出现了许多无法达到目标销售额的店铺，使得公司财务赤字膨胀。于是松井决定关闭在法国持续陷入赤字状态的7家店铺中的4家，以及比利时的1家。

在关闭法国和比利时5家店铺进行“止血”的同时，无印良品将法国和英国的物流体制集中起来，并从日本派去专业人员提高当地的销售业绩。

二、构建研发、设计、企划一体的功能体系

从2003年开始，松井带领无印良品采用了一种新的产品开发方式——“全球·无印”，即无印良品与赞同其理念的世界顶级设计师合作开发商品，这使得无印良品能够在全世界范围采集顶级设计灵感的同时，又能很好地保持自身的品牌特色。这一改革举措让无印良品的市场竞争力实现了突破。

2001年，店铺开发部部长德江纯一意识到当时的店铺开发模式存在问题，于是开始访问“岛村”（日本服装品牌）的总部，详细学习该公司在店铺开发上的相关流程。在此之前，良品计划的店铺开发主要依靠外部力量，而没有建立起以公司开发战略为基础的开店标准，从而铸成了在投资回报率低的地点开店的错误。

至此，良品开始制定自己的开店标准手册，内述相关定量标准。例如，开店城市的平均消费收入指数是多少，城市平均消费收入指数和无印良品店的营业状况是否成正比关系等。

建立这样的量化标准之后，无印良品在各地导入新店的成功率达到了 90% 以上，换句话说，开 10 家店，9 家都能盈利。同时，因为无印良品之前店面太多，常常出现相同问题重复浪费人力与时间的情况，于是公司在内部网上做了一个供员工进行内部提案的平台，一线的任何员工，都可以通过平台一起完善一个工作手册，手册内容与店面执行内容相关；一线员工可以通过内部网站，向公司提出他的见解，然后由区域经理确认，再由公司总部确认，之后马上就把这个东西编写到最新的手册里面，同时要求公司的工作流程也要做相应的改变。

三、三个培训结构与“30% 委员会”

无印良品的员工在公司里面受到的培训分为三个构成，分别是 10%、80% 和 10%。前一个 10% 是工作手册学习的占比，是基准；80% 是通过在公司岗位上的培训，通过 OJT（On the Job Training——在工作现场内，上司和老员工对新员工通过日常的工作，对必要的知识、技能、工作方法等进行针对培训的方法）来学习；最后 10% 就是对员工的专门培训，公司内部的培训课程。

为了进一步提高竞争力，松井忠三社长将改革重点放在削减管理费上。2005 年，松井在公司内设置了直属社长的“30% 委员会”，目标是把公司的运营成本降到30%。为了达成这一目标，委员会设定了8个改善项目。这次改革的成果非常明显，2004年时还是34.1%的销售管理费比例在短短1年的时间里降到了31.8%，等于为无印良品“节约”了将近29亿日元的经费。

改革完成之后，无印良品的业绩开始回升，2007年松井完成他任期内的史上最高总营业额（当时数据）1620亿日元。而在2016年，无印良品成立27年之际，其店铺总数是758家，其中日本占据414家，海外344家，全球共分布在26个国家，拥有员工13530名，销售额为3071.99亿日元，经常性净利润是327亿日元。

回顾无印良品的巅峰到低谷再到浴火重生，松井忠三不无感慨。事实也证明了，当初良品失败的关键是经验主义，意识到这点错误之后，无印良品便在改革的过程中不断钻研。哪怕在后来无印良品重回巅峰后，“经验是进化者的死敌”这一点也始终被良品高层铭记着，至此人们才真正明白，互联网时代，实际有效的改变或许不能带来成功，但一个没有任何改变的企业，必将被快速淘汰。

模式——会变的只是形式

刘强东："新零售"的基本要素——成本、效率、体验

在当下的市场上，类似新标签、新概念、新模式，种种与零售有关的新名词层出不穷，而这一切的标签都在传达一个信息——零售业正处在变革的前夜。

那么，所谓的新零售业会是什么模样？零售业又将走到哪里去呢？对此，刘强东给出了他的答案。

一、零售的本质没有改变

从本质上看，世界上任何事物或者行业都没有新旧之别，零售也是如此，其本质一直都是：成本、效率和体验。回顾零售业的发展史，刘强东列出了零售业的四次革命。

第一次零售革命：百货商店。世界上第一家百货商店诞生在1852年，打破了"前店后厂"的小作坊运作模式。百货商店带来两方面的变化：在生产端支持大批量生产，降低了商品的价格。在消费端，百货商店像博物馆一样陈列商品，减少奔波，使购物成为一种娱乐和享受。

第二次零售革命：连锁商店。1859年后开始走向高潮的连锁商店也是一种经典业态。连锁店建立了统一化管理和规模化运作的体系，提高了门店运营的效率，降低了成本。同时，连锁商店分布范围更广，

选址贴近居民社区，使购物变得非常便捷。

第三次零售革命：超级市场。超级市场大约在 1930 年开始发展成形。超级市场开创了开架销售、自我服务的模式，创造了一种全新体验，此外，超级市场还引入了现代化 IT 系统（收银系统、订货系统、核算系统等），进一步提高了商品的流通速度和周转效率。

第四次零售革命序幕：20 世纪 90 年代左右，电子商务开始普及。由于不受物理空间限制，商品的选择范围急剧扩大，使消费者拥有了更多选择。电商颠覆了传统多级分销体系，降低了分销成本，使商品价格进一步下降。

从百货商店、连锁商店、超级市场，再到电子商务，随着时代与技术的变更，零售业的发展其实一直在围绕“成本、效率、体验”这三个方面做文章。每一次新业态的出现，都至少会在某一方面有所创新。而经得起时间考验的业态往往能够同时满足成本、效率和体验升级三者的要求。

二、零售基础设施的改变

零售的本质没有变，那变的是什么呢？刘强东指出，零售的基础设施一直在升级换代，不断改变的是“成本、效率、体验”的价值创造与价值获取方式。

打个简单的比方，京东所提出“零售基础设施”的概念其实就是针对成本、效率和体验的一次技术性升级。零售系统的进化说到底就是信息、商品和资金流动效率的升级。在这个过程中，刘强东与其团队注意到一个趋势——信息、商品和资金服务的提供者在一步步走向社会化、专业化。

在信息流方面，沃尔玛的 retail link 是一个重要里程碑。20 世纪 90 年代，沃尔玛建立了一个与上万供应商共享的零售数据分享平台（retail link），将销售、库存、门店数据等与合作的供应商进行共享，帮助他们对商品的生产、配送、定价、促销等一系列活动进行优化。这标志着零售数据不再是某个企业的专有资产，而是大家可以共享、共同利用的公共资源。

商品流动方面，物流也在从自有走向公共服务。在早期，很多制造商、销售流通企业都自建仓储设施、配置自有车辆和司机。第三方物流公司出现后，不仅实现了规模经济和专业性，还促进了专业分工——生产和销售商可以将物流外包出去，自己更加专注于核心价值的创造。在电商物流方面也有同样的趋势：亚马逊推出的 FBA（Fulfillment by Amazon）服务、京东的开放物流，都是把专业的第三方物流服务覆盖到客户端，实现了规模经济和效率提升。

所以京东认为，零售的改变，其实是背后零售基础设施的改变。未来零售的业态可以有许多新的形式，但背后的基础设施会越来越社会化、专业化。零售业会演变成为互联、共享的生态。看到了这一点，我们就可以去理解即将到来的第四次零售革命。

三、第四次零售革命是建立在互联网电商基础上，又超越互联网的一次革命

零售业公认的革命有三次：百货商店、连锁商店和超级市场。在这三次革命之后，京东的判断是，第四次零售革命即将来临。从 20 世

纪 90 年代开始的电商大潮虽然改变了零售业的很多方面，但还不能算作一次零售革命，这是因为电商对体验和成本效率的升级还不彻底。在体验方面，纯虚拟空间的展示有局限性；在成本效率方面，电商虽然可以砍掉层层分销的环节，但是履约成本并不低。

第四次零售革命是建立在互联网电商基础上，又超越互联网的一次革命。

过去 20 年，互联网的普及为零售业数字化奠定了良好的基础，沉淀了大量数据。再加上近几年来计算能力的飞跃和智能算法的突破，为零售业的智能商业化提供了成熟的条件。

不同于以往的三次革命，第四次零售革命将会是颠覆性的。百货商店、连锁商店和超级市场的冲击力强、影响面广、持续时间长，但从创新性质上看，仅仅是围绕“成本、效率、体验”进行渐进式的创新。说到底，它们解决的问题无非是：一、产品的价格能不能更便宜（成本、效率）；二、顾客能不能更方便地购物（体验）。

但是今天，消费者所期望的已经不仅仅是低价和便捷。比如说，今天消费者面临的困境可能并不是商品短缺，而是选择过剩；不是价格过高，而是品质不齐；不是性能欠佳，而是缺乏个性。如果沿着旧思路，一味控制价格、扩张地盘，并不能解决今天消费者的痛点。今天，“成本、效率、体验”的概念必须被重新定义。

从历史上看，每一次零售革命都是由两股力量共同推动的结果。这两股力量第一是消费的改变，第二是技术的更新。

消费的变化对零售业态的影响显而易见：城市化促进了消费者的聚集和购买力的集中，催生了百货商店的繁荣；在工作压力增加、生活节奏加快的背景下，消费者对低价与便捷提出更高要求，于是带来了连锁商店的兴起；随着消费者自我服务意识的觉醒，超级市场的开架销售模式开始受到欢迎。

那么，今天推动第四次零售革命的因素是什么呢？

一、消费的变化：消费者越来越注重自身个性的表达。他们的关注点从性价比、产品功能等共性特征转向美学设计、价值标签等个性特征，这对产品和零售的适配度提出了更高要求。

二、价值参与化（Participative）：消费者正在扮演越来越积极的角色，从被动接受和选择到主动影响和创造。比如，爱好、身份、标签相似的消费者可以非常方便地通过网络聚集在一起。他们形成社群，抓住一切机会与品牌互动：从内容创造、设计参与、决策参谋、体验分享到品牌传播……最终，消费者会融合在整个价值链条的各个环节，与企业一起创造价值。

可以预见的是，消费变化带来的结果是客户需求、消费场景和商品产出会变得极其分散。这会给零售活动带来非常大的挑战——如何才能把这些散乱的点有序地串联起来、协同起来？只有通过更新的技术来实现。

◎ 未来的零售图景

未来的零售图景会是什么样呢？刘强东认为，消费端的变化加上技术端的更新，交叉组合后得出的其实就是两个关键词：无界、精准。

无界，就是从“N → 1”到“1 → ∞”。过去的互联网时代是中心化的（N→1）：N 多个网民登录同一个网页，网页就成了流量的中心。未来，我们会走到“1→∞”的时代，也就是一个人会面对无数多的屏、无数多的场景、无数多的入口。今天的流量中心会变得不重要，真正重要的是以客户为中心。对于零售来说，未来一定是无界的——无处不在、无时不在。

当购物的入口变得极为分散、多变时，固守单一平台的零售商会非常脆弱。而新型、数字化的零售基础设施就变得非常重要，通过它可以更高效地服务于多元、多变的场景。

精准，就是从“大众市场”到“人人市场”。过去的零售和生产活动是以品类和市场为单位进行管理的，瞄准的是大众市场，提供的是批量商品，难以满足每个人独特的需求。未来的感知技术将会赋予我们洞察每个消费者个性化需要的能力，并且，我们可以通过连接外部资源灵活地实现个性化需求，还可以通过智能算法使互动和交付更高效。这就是说，未来的零售一定会越来越精准，否则无法达成“成本、效率、体验”，且一定会被淘汰。

无界，代表的是宽度；精准，代表的是深度。在这幅未来的零售图景里，零售企业如何兼顾拓宽和加深？一定是借助数字化、智能化的零售基础设施。说到底，只有创新的技术应用才能不断突破零售生产率边界，实现体验和成本效率的同时升级。

在第四次零售革命所定义的“无界零售”图景里，体验的升级不仅仅是“便捷”，还是对消费者需求的理解（比你懂你）、连接（随处随想）和实现（所见即得），最终让消费者可以随时、随处地满足随心的需求。成本和效率的升级也会更依赖智能技术，并且跨越企业的边界，在整个零售系统内实现资金、商品和信息流动的不断优化。

随着可塑化、智能化、协同化零售基础设施的完善，零售业未来的生态会彻底变革与重构。零售基础设施一定是开放、赋能的，它不是消灭今天许多的零售业态，而是与它们融合在一起，共同发展。它影响的不仅仅是消费领域，还包括流通领域，最终给整条供应链（从订单到生产，到终端，再到消费）带来翻天覆地的变化。

未来零售的本质是什么？刘强东认为，万变不离其宗，新零售的本质仍然是成本、效率和体验，但是创造价值和实现价值的方式一定会改变。这其实就像人类社会千百年来的进化一样，任何科技的进步与发展，始终都在为生存服务，不过随着生产技术的发展，人们给生存赋予了更多含义。同样的，在未来，新零售在呈现态势上必然会区别于当下，其范围会变得更加复杂化和多元化，且随着技术的发展，新零售必然会朝定点打击的方向靠拢，为用户实现“私人定制”，在流通上变得愈发便捷，这些都是可见的趋势。

时代——“八〇后”“九〇后”在创造历史

田涛：华为的年轻人在枪炮中成长

所谓泛“九〇后”，学界有一个不太准确的定义，意指1985年之后出生的人。华为资深顾问田涛笑言，“八〇后”“九〇后”经常挂在嘴边的有两句话：1.我的人生我做主；2.我的世界我做主。而对于华为大多数的“九〇后”而言，这两句话并不是妄谈。因为这些年轻人正在践行着这两句话的真实含义，而践行的背后，是一种自我承担和社会承担的信念。

“从华为到华为的年轻人身上，我们会发现一个道理——伟大不是一开始就伟大的，而是在实践与行动中日益培养出来的成果。就像任正非从国营企业离开后无路可走时，创立了华为技术有限公司。从此之后，一个从贵州山沟里走出来的小人物，身边开始不断聚集起来自天南海北的小人物。今天，华为已经有18万的小人物聚集在一起，创造了惊天动地的全球通信行业的大历史。”

◎ 奋斗背后是希望和快乐

说起华为的“八〇后”和“九〇后”，田涛眼神中总会有一种异样的光彩：“当你去仔细观察那些年轻人的时候，你会发现他们每个人的眼神都是阳光向上的，充满灿烂与热情。很多在国外的年轻人经历着各种苦难，有的甚至就在枪林弹雨中奋斗着，但在苦难和奋斗的背后，是希望、光明和快乐。”说到这，田涛讲了一个女孩的故事。

有个女孩叫甘颖昆，“九〇后”，22 岁时加入华为，在公司里被同事取了个外号叫“阿甘”。在华为实习了 5 个月后，她主动要求去非洲，第一站就是喀麦隆，3 个月后被调到中非共和国办事处做代表。

当时中非正处于战乱之中，公司在首都的中心租了一栋最安全的办公场所，大家吃住在一起，即便如此，子弹仍然不定什么时候就从窗外打进来，所以晚上睡觉时不能睡到床上，要把床垫放在地上，防止流弹飞进来。这是一个从小在安宁环境长大的 22 岁女孩从未想到过的场面，甚至来中非之前，甘颖昆还觉得很刺激，可直到见了真枪实弹的战争之后，她才知道战争的可怕。

但这样一个原本娇滴滴的女孩却并没有被炮火和硝烟吓退，反而在非洲驻扎了下来，成了唯一的常驻中方代表。据她后来回忆，那些鞭炮般的枪声反而成了一种特别的节奏，伴着她在无数个黑夜中入睡。

当被问起独自一人来到万里之外坚守的意义何在时，甘颖昆给出了这样的答案：“在我来中非的第二年，一个客户 CEO 即将升职调离，在离别宴上，我作为唯一的供应商代表应邀出席。客户回顾过去 3 年任期时，80% 的篇幅是在讲述与华为合作建设的 3G 网络。这些网络，使得中非 55% 的人口可以用上移动 3G，大大提升了通话和网络质量。这一举措，也让客户抓住了在中非维和的一大批高端价值用户，实现了中非 3G 市场零的突破，扭亏为盈，改善了子网的经营状况。这也许就是我们坚守的意义。”

◎ 面包与诗，鲜花与使命

田涛总是在想，究竟是什么样的力量支撑着那些年轻的华为人，那些年轻的男孩和女孩，去接受如此多的风雨和挑战，甘愿去过这样不容易的生活？最后他得出了一个文艺的答案——面包与诗，鲜花与使命。

“李安是我最欣赏的导演，他的每一部电影都在演绎着人性的挣扎与抗争，他说过这么一句话，‘每个人的心中都卧虎藏龙，这头卧虎是我们的欲望，也是我们的恐惧’。”

华为外派到非洲、中东等战乱蛮荒落后的市场奋斗的，大多数是年轻人。有一次田涛问一个小伙子：“为什么你们从学校一毕业在公司只培训了 3 个月，就要求到非洲来？”

小伙子说：“说实话，我起初的想法很简单，非洲的待遇高，三年赚够 100 万就与华为拜拜，去美国留学，但第二年我被提拔了，所以就留下来了。”

这段话让田涛看到了一个东西——一个人对成长或者说权力的欲望可以覆盖他对物质的追求。

他曾接触过华为在一个小国的国家代表，这个代表当年 27 岁。她说了一番让田涛至今都无法忘怀的话：“我经常在非洲尘土飞扬的马路上看到一幅画面，让我的内心很澎湃、很激动。那些常年都吃不饱饭的非洲同胞，他们在马路上拿着手机在打电话。我心中就有一种强大的自豪感，这个国家的通信网络是我和我的十几个弟兄牵头建设的，这是我们中国人建设的。”在这番话里，田涛找到了驱使这些年轻人坚守在蛮荒的、贫穷的、战乱的市场的根源——责任感与使命感。

这个世界上如果有一种力量是超越物质和生物本能的，那就是价值观，这是一种无形的精神力量。华为的核心价值观就是以客户为中心，以奋斗者为本，长期坚持艰苦奋斗，长期坚持自我批判。

一个企业或者组织要形成“遍地英雄下夕烟”的氛围，让成千上万的人成为英雄，成为勇敢的奉献者，那么这个组织一定要有一个简单的、清晰的、一元的价值评价标准。从功利角度来看，一个组织中，谁为组织的目标、客户做出了直接或间接、重大或微小的贡献，他就理应得到跟他的贡献相称的财富与相称的晋升。当然，这个组织还必须不断地倡导理想主义精神，这种理想主义精神，说到底，就是行业的使命感、国家使命感和人类使命感。

“我对华为的观感是，30 年来，华为一直在一边吹牛一边战斗，每个阶段都有一个宏大的愿景，但是每一个阶段都预期实现且超过了它的愿景。今天的华为可不只是三分天下华为有其一了，而是在通信领域当之无愧的全球领导者。”

任正非给一位年轻人在一页纸上写的寄语是：视野，意志，品格。一个年轻人，当他选择了拥抱时代、拥抱社会的时候，如果他拥有这样 3 个良好的个人禀赋，在面对世界的时候，他的所谓哀愁、所谓迷茫、所谓困惑也同样会有，但总的人生基调则更多的是阳光与奋进。这世界上任何生命的个体、群体都是有欲望的，对财富、权力和成就感的欲望，这既是改变个人命运和人类命运的创造的冲动、成长的冲动，也是联结一代代人精神的本能力量。

CHAPTER 04

资金：拿钱生钱才是王道

融资不是坑钱，必须脚踏实地，小步快跑，拿钱生钱才是王道

融资——帮投资人考虑好一切

毛大庆：融资不是坑钱，必须脚踏实地，小步快跑，落袋为安

“当下创业者在募资的时候有一个错误的趋势——徒慕虚名，只找大牌投资人和找明星机构，这其实是不对的。”针对投资者募资，优客工场创始人、董事长毛大庆如此说道。关于创业者的融资问题，毛大庆认为，找名气大的投资者固然重要，但募资的根本倚仗却不是名气，而是资金，换句话说，有没有拿到钱才是根本。

一方面，创业者本身要有自信和底气，不要想着通过投资人的名头来支撑自己；另一方面，相比投资机构的钱，投资人背后所能带来的资源其实更加重要。如果这个投资人在你所做的行业中有着广泛的资源，对你要做的事情能有切实的帮助，那这个投资人就是首要争取的目标。

说到这里，毛大庆拿自己现在所做的房地产领域打比方：“像我们这种产业，谁手里有楼、谁有持续不断的房子、谁有便宜的房子、谁有好位置的房子（越多越好），那谁就掌握了最重要的战略资源。我要的是生产资料，甚至现在连钱都不要了。在好多轮融资中，我跟投资人说我不要现金，你直接给我两栋房子的使用权。我要钱干什么？拿钱不还得弄生产资料吗？”

在新经济产业创业者的募资方面，毛大庆观察到，在当下的中国，

实业转型、新旧动能转换、消费升级都是清晰可见的趋势，传统行业都希望拥抱新经济、拥抱新产业。很多企业老板希望通过投一家创新公司来倒逼企业内部的转型跟改良。因此，对于从事新经济、新产业的创业者而言，回身拥抱传统产业其实是一条十分有效的路子。

◎ 创业者募资第一步：阐明趋势潜力

在任何一个行业，创始人首先要清楚的，就是自身所从事行业的环境和发展趋势。趋势是一种大环境的预先判断，是最广大的背景，投资人首先看的其实也是趋势。毛大庆坦言，自己每次融资的时候首先跟投资人谈的不是其他，只有趋势。“我跟他们说，你不要看优客工场，也不要看共享经济，我跟你谈谈我们干的这事儿的趋势，你可以选一个对的人来投，但趋势你得投。”

顺势而为是创业者成功的第一步，也是创业者真正脚踏实地，为自身创业夯实基础的前提条件。换句话说，如果你做的这件事违背了趋势和潮流，你怎么说服别人给钱？从投资人的角度来看，投资任何一个具体的项目和企业都存在风险，但一旦看准了趋势走向，投资的风险就将大幅度降低。所以对创业者在募资的时候向投资者阐明自身所做事业的趋势，这是给投资者吃下定心丸的第一步。

在对趋势的熟悉度方面，毛大庆建议创业者最好从自己有所了解的方面做起，千万别做与自身专业、经历、背景和过往所知毫无关系的事。创业者对自身所从事的工作了解越少，危险性就越高，当然，外行也可以去找个内行做合伙人，请他提供专业指导，但这其实也非常麻烦。

毛大庆创业时间不过两年多，两年间他出国走了 11 次。每次出去都从早到晚拜访同行与相关产业的人，从不同视角、不同国家、不同角度的人怎么看待他在干的这件事，并在与这些人的交谈中提取那些特别重要的大趋势，因为在毛大庆看来，这些东西是他在融资时第一个要谈的。

◎ 融资的四大诀窍

对标、生态、内容、想象，这是毛大庆融资时要完成的 4 个步骤，也是创业者要坚定贯彻的 4 个方面。

所谓对标，就是行业内的对比标准和估值参考，说白了就是看看同行们是怎么做的，有过怎样的成果。世界发展到现在，已经没有多少新鲜事儿了，很少有人能够彻底地发觉一个新兴事物，所以找到对标就是找到前车之鉴，由此便能够规避别人曾经犯过的错误，吸纳他人的优点。能在一级市场里找到对标的企业其实并不是坏事，优秀的创始人往往能在对标企业中取长补短，相互对照，这对说服投资人是非常有帮助的。

其次，创业者在融资时要有专家的心态和认知。当下许多不成熟的创业者在见投资者的时候或是颐指气使地摆出一副教育者的姿态，或是畏畏缩缩面带谄媚，这都不是正确的心态。所谓专家，要体现在两个方面，一方面是创业者对趋势和战略的认知，一方面就是对行业高级对手的了解。这些东西用毛大庆的话来说就是："为什么我一天到晚在海外跑？就是要找国际上的高手跟他们比。他干什么了？他有什么长处？我跟他差多远？你能把这话跟自己讲明白，就能跟投资人讲清楚。”

毛大庆说自己在融资的时候跟投资人谈得最多的，就是自己当下的企业情况、营收、场地数量、所在城市以及跟对手的对比情况，这些东西讲得实实在在不掺水分。只有这样，你才能真正把自己讲清楚，也只有这样，投资人才能看到你跟你的对手在对比时的差异是什么。在毛大庆眼中，没有对手是特别痛苦的，他一直希望有个很牛的人在他前面当对手。

所谓生态和内容，意指创业者在融资的时候，一定不要去跟投资人说一个干巴巴的单线条故事，创业者口中的故事必然是一个立体的存在，这个故事要围绕他所做事情的垂直领域展现出一套生态，生态当中要包含产业链上下以及前后左右相关联的利益方。

创业者在融资的时候，一定要在自己叙述的故事中，将其所从事事业的生态和整个发展的内容和厚度展现出来，如果连这个都没有，这个创业者就谈不上有想象力，一个连想象力都没有的创业者，投资人怎么可能会去投钱？

所以第四就是“想象”，想象不是创业者的事，而是投资人的事，换句话说，想象不是过程，而是一个结果。它源于创业者在清楚阐述了趋势、对标、内容和生态之后，投资者对于未来的想象以及对投资对象未来发展潜力的预判。这一结果直接决定了投资者的投资欲望以及创业者募资的成功与否。

◎ 为投资人设计出系列的安全保障

毛大庆提醒到，创业者尤其需要记住，融资不是坑钱（很多创业者在潜意识里都会不自觉地产生坑钱的想法），投资人的钱投出去，创业者要做的，就是用真实的发展和利润回报来让投资人看到所投非虚。所以，为投资人提出一系列为他设计的安全保障，这是创业者在融资时必须要做的事情。

设置安全保障一般分 4 个方面：第一，态度。创业者一定要让投资人看到自己对商业本质的尊重和敬畏，一定不要想着自己什么时候能够成为站在风口上的猪，这是对自身事业的妄念，也是对投资者不负责任的想法。事实上，当下社会中，靠不断鼓吹流量和海量数据，就能吹出一个企业发展的未来的案例是绝少的。绝大多数成功的企业都是站在地上一步步走出来的，会飞的猪没有几只，即使飞上去多半都会掉下来摔死，所以创业者要记住的是，别去当那只飞猪。

脚踏实地收获成功是亘古不变的道理，创业者必须要用切实的逻辑告诉投资方，“我就是站在地上的，我也不想飞”，并且，你给出的逻辑和发展方向也要让投资者看到一点，就是你脚踏实地的发展空间和利润是可观且切实的。就像优客工场，干的就是基础的商业服务业，但这个行业的未来跟房地产、上下游、相关生态的链接能力十分强劲。

“现在优客工场里面有 300 家公司，半年以后 3000 家公司，明年 5000 家公司在里面，我跟谁不能链接？所以如果同样是猪，那么一定不是所谓的飞猪，而是一只尊重规律的猪，没那么多乱七八糟的。”

第二，财务健康和安全。在财务健康和安全里面，存在一个心理博弈的问题。很多公司实际上是不盈利的，在这种情况下，创业者融资的时候一定要将重点从盈利转移到现金流上。不盈利没什么大不了，不盈利也不丢人。当然你可以去跟投资方描述我哪年会盈利，但与其如此，还不如向他展示一下你自身的造血能力，这种东西比当下的盈利更重要。

创始人要理解投资人的心理。如果创业者的事业正处于中早期状态，那么投资者必然会担心资金链的断裂会导致公司倒闭，这时就是创业者展示自我造血能力的时候了。自身的造血能力强，后面也不断有人跟进投资，那投资者又有什么可担心的呢？

所以创业者在融资时要讲的故事是：后面的现金流很好，我能自己活着。我融资是为了更大的发展，而不是为了给我的企业打强心针。一个真正的投资人在看投资对象的时候，一定是着眼于它的现金流上的，对投资人来说，现金流的产生能力在中早期投资上极其重要。这是创业者给投资方吃的第二颗定心丸。

第三，设计盈利。设计盈利是一门技术活儿，不是上下嘴皮一碰就能说出来的，也不是在账本上写的，它源于一个创业者的精心设计。当企业还在不断开发新产品，且规模还不够大，总部成本摊不薄时，呈现盈利就成了个大问题，这时怎么办呢？

毛大庆的方法是——大大方方地将自己展示出来。

先让投资方知道你亏损了多少钱，看完这个之后，再让投资方看看你的资产负债表，让他看到这个表中你的公司的潜在价值。打个简单的比方，创业者在融资时一定要做好两手准备，第一手是将自己当下盈利不足的情况展现出来，第二手则是将自己的资产负债表亮出来，告诉对方，没错，我现在的确不盈利，但是你看看我的资产负债表，这里还装着一栋楼！这栋楼买来的时候就已经比市场价低了 30%，如果把这 30% 扯平，别说这点儿亏损，5 年亏损都能装进去！

所以，所谓设计盈利，就是创业者可以告诉投资方，你希望我什么时候盈利？我可以明年就让公司盈利！

第四，为投资方考虑好退路，这一点十分重要。当这一点被考虑清楚后，投资方心中的担忧基本可以消除大半。退出有很多方式，上市是一种，被收购也是一种。对投资人而言，只要能退出就可以。甚至创业者在融资的时候还可以根据情况来许诺投资人，允许他阶段性退出，先把本金拿出来，把升值的钱投进来。这是给投资方吃的第三颗定心丸。

总体来看，在一个初创公司发展到了一定阶段之后，会发现竞争对手在不断增多，而企业自身的增长也会进入瓶颈期，这时候公司就必须要转换发展战略，学会合并、吸收。打个简单的比方，当一家公司自身估值已经达到 70 多亿元的时候，再想去自我增长其实是一件很难的事，但这时候如果去收购一家估值 20 多亿元的企业的话，企业自身的估值就立马从 70 多亿跳到 100 亿。所以毛大庆认为，公司发展到一定阶段之后，越大越要做投入，只有这样，公司才能实现跳跃式的发展。

除了同类公司的合并以外，还有上下左右的撮合。不但要做上下游产业链的撮合，还要做左右合并。“有的创业者左右不看、上下不看，这非常不好。你得经常留着眼睛看看周围、看看上下，这样才能跳跃式发展。你的故事才能越讲越精彩，越讲越好听。”

真正说明白了就是，在融资过程中，创业者的忽悠能力永远是一个重要组成部分，但此忽悠非彼忽悠，它要求创业者一方面将自身的发展潜力展示出来，另一方面，也要求创业者充分为投资方考虑，达到共赢共利，如此才能获得真正的成功，这是放之四海而皆准的道理。

利益——不要在谈钱的时候谈感情

徐小平：兄弟情义不能当饭吃，请用共同利益来维护兄弟情义

丘吉尔说过，世界上没有永远的朋友，只有永恒的利益。于是很多创业者信奉独行侠主义，信奉自己的人生哲学，但回头看那些短命的企业，却往往正是因为在创业初期没有合适的团队结伴而行，才导致了最终的失败。真格基金创始人、新东方联合创始人徐小平认为，今天的中国是创新的黄金时代，如果大家勇敢地启动创业，加上两三个无论高峰还是低谷时都不离不弃的伙伴组成一个创业团体，那么这个属于自己的创业梦就一定能够实现。

◎ 初创企业找到合作人远比找到想做的市场方向还重要

一个人想要创业，要做的第一件事是什么？是确定市场，找到方向，还是规划好清晰的战略？徐小平认为：创业的第一件事是要找到合伙人，找到同路人比找商业方向和商业模式更加重要。

那么什么是合伙人？从利益角度来看的话，假如一个公司的创始人是做互联网的，而他的联合创始人做的是供应链和终端，那么在股份分配上就应该是50%与50%，或者60%和40%，再不济也应该是80%与20%。很多企业的所谓联合创始人在公司里才拿1个点的股份，

徐小平认为这所谓的合伙人是名不符实的，说到底就是给老板打工的员工。真正的合伙人，必然是你在股权、荣誉等方方面面可以与之一起共享的人，也只有这样的人，才会在创业的长征路上跟你不离不弃。

徐小平的真格基金投的项目非常多，很多时候当他回过头来看那些失败的企业的时候，他发现这些企业都有一个普遍的特点，就是这个企业的创始人里只有一个老大，没有老二、老三，更没有占两位数的合伙人。

发现了这一情况后，徐小平以后再去投资时便有了一个明确的标准。有一回有一位公司创始人到徐小平这里来拉投资，当时拿出来的产品非常好，方向也很明确，但徐小平在得知公司股权全部掌握在这一位创始人手中时，他对这位创始人说："我绝不会投资给你。"理由是他从出发的那一天起就没有同盟军，没有可以一起同生共死爬雪山、过草地的伙伴，也没有一个能够相互学习的对象。这个问题非常的严重糟糕，甚至从一开始就决定了一项事业的失败。

一般来说一个公司缺乏合伙人有这么几个原因。

一、创始人没意识到合伙人的重要性。当下是一个强调团队作战的时代，一个优秀的创始团队比之一个优秀的创始人，其能力与资源都不可同日而语。就像小米，这家人类历史上达到百亿美元销量、百亿美元估值的发展最快的公司，有 7 个联合创始人。在这个过程中，雷军所占有的股份比徐小平所投资过的任何一家公司的创始人都少，但小米却是史上发展最快、势头最猛的公司。

二、创始人缺乏胸怀，不懂分享。有些创业者是有着合伙人意识的，但缺少相应的胸怀。很多人不觉得将自己的股份分享出一部分是一种必要的方式，反而认为一旦分享就会导致自己的残缺，但很少有人能意识到：当你的生命、智慧、精力、才华、梦想在和别人分享的时候，你的 80%、70%、50% 就会被无限放大。毕竟在当今这个时代，只有那些懂得分享的人才能获得真正的成功。

三、没有资源。有一次新东方新进了一位人力资源总监，徐小平问他，新东方的人力资源有什么特点？这位总监回答说，大家需要有共同的梦想。徐小平驳斥道：“扯淡！”

新东方人力资源的特点只有一个，就是二老——老同学、老乡，如果要再加一个的话，就是老妈（在创建初期，俞敏洪的老妈是他的合伙人）。

四、缺乏自身魅力。徐小平认为创业者需要具备一个关键性素质，就是“忽悠能力”，换句话说，作为一个创业者，你要拉拢的合伙人往往都是某些公司的重要人物，这样的人如何能够抛弃他原本丰厚的利益来跟着你一起打拼呢？这时候，创业者的“忽悠能力”就至关重要。

当上述这四点都具备的时候，徐小平认为一个创业团队才会水到渠成，而只有当一个团队形成之后，创业者才有可能一路披荆斩棘达成心中的梦想。

◎ 别用兄弟情义来取代共同利益，要用共同利益来维护兄弟情义

Good Will Hunting（《心灵捕手》）这部片子的主人公曾提过一个问题：什么是你的心灵伴侣？徐小平把这个问题放到了对合伙人的定

义上，商业上的心灵伴侣，是那些可以跟你较劲儿，能够毫无保留地与你沟通并且触动你心灵的人。这种人就是你的合伙人，只有合伙人才有这种意愿、资格以及能力，也只有合伙人才能与你一起走到最后，才能在你失败的时候跟你一起反败为胜，而合伙人的前提就是共享利益。

在新东方，俞敏洪、徐小平、王强三人组成了一个合伙人团队，股份分别是50%、10%、10%。徐小平坦言自己在参与创建新东方的长征过程中经常说的一句话就是："我为了我的10%而战。"

说到这里，可能有人会问："难道你与俞敏洪之间只有单纯的利益关系吗？"徐小平的回答是："我当然是爱俞敏洪的。但如果我们不是合伙人，如果新东方的利益不跟我们捆绑在一起，而仅仅是为了新东方培养人才的理想，我早就去团中央或者是红杉了。正是因为我们的利益捆绑，我们才能在每一个艰难时刻一起挺过来。"

2001年4月，美国ETS（教育考试服务中心）向新东方发起总攻，并在《华盛顿邮报》上明确地告诉世界，其目的就是要关闭新东方，而当时《环球时报》头条也连续刊登了许多对新东方不利的文章。但是没过多久，新东方便以俞敏洪、徐小平、王强三人为中心，合力击退了这个世界级商业巨头的来犯。现在回忆起这件事时，徐小平依然感慨，他说："企业会有无数个灭顶之灾的时刻。企业要做的就是解决问题，应对危机。如果你没有那种能够同仇敌忾，跟你一起沟通、交流、挑战、质疑的哥们儿，你一定搞不好。"

做任何一件事都要有情怀，当遇到利益纷争的时候，更高的情怀、利益、价值观和责任就成了合伙人之间化解矛盾的关键点。所以徐小平认为，合伙人制度仅仅是利益捆绑还不够，还要有梦想与价值观的捆绑。通俗点儿说，就是不要用兄弟情义来追求共同利益，这是注定无法长久的，一定要用共同利益追求兄弟情义。**不能纯粹地为了理想去追求事业，当然，你的事业一定要有伟大的理想，在这些要素上建立的合伙人制度才能长久。**

徐小平十分欣赏《死亡诗社》中的一段话:“我步入丛林,开始创业,因为我希望活得深刻,吸取生命中所有的精华。把非生命的一切都击溃,担忧、拘谨、小气都击败。以免当我生命终结，发现自己从没有活过。”

从这段话中，他看到了人生应该为许多遥远而艰难的事情去奋斗，而在奋斗的过程中，找到同路人结伴而行，是通往成功的最佳选择。

盈利——盈利是生存之本

Sam Shank：定好目标，做好执行，盈利只要 7 个月

“盈利不是什么神奇的魔法，它是清晰的目标感、科学的计划和超强的执行力有效结合的产物。我们公司经历过一次危机，而那些没有消灭我们的东西，将会让我们变得更加强大。”

这是美国初创公司 Hotel Tonight 联合创始人兼 CEO——Sam Shank 在一次发言中的感慨，在此之前，Hotel Tonight 经历了企业创立以来的一次生死大劫，然后又在 7 个月内起死回生。

对 Sam Shank 来说，2015 年 10 月的第一个周一是他永生难忘的一天。因为在那天，他在公司执行团队面前宣布了一个决定——公司将进行大规模裁员。

裁员的原因有很多，其中最关键的一点，就是在过去的 5 年中，Hotel Tonight 一直在用严重的资金消耗来拉动高增长率，以至于在 2015 年的夏天，Sam Shank 在融资过程中，每一位风险投资人都对他说了同样的一句话：“贵公司是有着不错的增长，但是你们的亏损额可是个天文数字啊。”

每月 250 万美元的亏损，让 Hotel Tonight 的融资注定只能成为一笔非常糟糕的交易。Sam Shank 决定向执行团队通报这一情况，并同时宣布公司不会再进行 E 轮融资，而要凭借自身努力来实现盈利。

让人欣慰的是，在这一现状公布后，公司执行团队并没有将时间浪费在表达怜悯之情上，而是奋起迎接挑战。人们不再着眼于数字增长，转而为盈利制定了一条路线。在之后的 7 个月里，Hotel Tonight 从每年亏损 3000 万美元而止亏为盈，将命运掌握在了自己手里，而实现这一转变的过程，大致可以分为三个部分。

一、进行一轮且只进行一轮裁员

当公司出现财务危机，要阻止烧钱的时候，重新评估基础开支是首要且关键的任务。对于许多公司而言，最大的开支就是人工成本。虽然不必期待裁员能够完全填补财务上的缺口，但它往往会成为让公司摆脱赤字的必要步骤。

裁掉的员工需要尽快找到下一份工作，而留下的员工则需要消化这一负面信息，重新快速集合并做好在一个更精简的团队里携手前进的准备。所以裁员是一个速战速决、快刀斩乱麻的事情，拖延太长时间只会坏事。在这个过程中，管理者必须进行快速理性的通盘思考，在这个思考中将“要裁掉的”和“要留下的”部分进行清晰分类。因此，这一步很难，且影响十分巨大。

裁员最好裁一轮，因为一轮过后人们还有着相应的心理空间来接受公司的重组，并从变动中恢复过来。但当你暗示要进行第二轮裁员时情况就不同了，员工们的心理会产生巨大变化，他们会预想到可能还会有第三轮、第四轮裁员，人心惶惶就是从这里开始。

这样下来，公司必然要面临财务危机之后的另一个更重大的危机——信任危机。如果说财务危机尚可克服，那信任危机就是悬在每一家公司头上的达摩克利斯之剑，一旦落下，就没有任何一家公司能在信任危机中幸免。

在裁员过程中，管理者首先要做的，就是给将要离职的以及那些留下来的人以最高的尊重。之所以这样，是从心理需求的角度出发的，公司对待离职人员的方式会对留下来的员工传达一些强有力的信息，这些信息代表公司主动实行了表明具体态度的手段，好的态度和手段将会使得留下来的员工脚踏实地地与公司共渡难关。

在这当中，管理者切记不要让裁员决定变成一件个人私事。当谈话变得情绪化时，很多人会不由自主想要说出类似“这对于我来说真的很艰难”的话语。但你却忘了，被裁员工伤心的程度要高于任何人，所谓的个人同情不仅无济于事，反而会增加一些不必要的感情因素，导致藕断丝连，甚至会出现许多意想不到的麻烦。

此外，管理者必须主动承担责任，不要将裁员归咎于董事会或其他任何人，一切都要反省己身，这是管理者自身责任担当的体现，也是管理者作为团队核心的一个必要素质。

二、开启追求盈利模式

裁员之后，拿出一个令人信服的重振计划至关重要，而拿出计划之后要做的，并不是立刻实施，而是要为计划扫清障碍。

首先，快速组建新团队，在这一阶段，召集人员的速度越快，裁员带来的恐慌就会越少。因此，在一场常规的团队会议中完成关于裁员的谈话很有必要。在这场谈话中，管理者要阐述清楚接下来的盈利模式与工作方向，这样就可以轻松聚集那些决定予以留用的员工。

第二，搭建员工的心理安全网，这一步同样要在谈话中进行。在谈话中，管理者首先要向员工明确传达一个信息——公司只会进行一轮裁员。这个信息传递出来后，员工接下来的问题一定是与公司现状相关。管理者务必清楚地阐明公司的状况良好，具备所需的一切资金来达成盈利，为了表明这一点，Sam Shank 在团队会议上详细地展示了公司目前确切的企业数据，包括公司在银行所持有的资源、公司的现金流、亏损率以及这些因素会如何影响盈利目标的达成等。

管理者在谈话过程中要注意的是，与团队谈话时务必保持开放、诚实以及能够接受批评的态度。当 Hotel Tonight 出现危机时，Sam Shank 以管理者的身份第一时间站出来，承担起企业在盲目扩张方面的全部责任，并告诉团队，企业不能再以目前的方式运作了，而恰恰是这一举措，让本来已经人心不稳的团队给予了 Sam Shank 再一次的信任。

第三，着眼于成就，激发员工对公司未来发展的信心。当企业出现危机的时候，一个最现实的状况无疑是企业当下的困难处境。这时管理者必须引导员工，将注意力放在以往的成就和未来的发展上，让企业的亮点和成就成为焦点。分享公司曾经成功的典型案例，比如在订单或新客户数量上创下的纪录，克服过哪些困难，等等，利用这些成就来帮助推行新计划，是一种在困难时期推动增长势头的有效途径。

最后，Sam Shank 还提醒道，在谈话刚开始的时候，员工可能会因为困惑或害怕而不敢提问。所以管理者就要在全员大会开始之前与核心团队一起列出最可能被提出的问题，对回答进行演练，并在员工提问之前就把答案给他们。这样不仅可以提供有价值的信息，而且有助于向员工表明，你已经对此做过深思熟虑。

三、执行，执行，执行

当一切落定之后，就要开始追求盈利了。盈利计划要可行，还要简单明了。Sam Shank给公司定义的计划目标很简单,就是增长和盈利。增长，即公司年收入增加了多少；盈利，就是自给自足。

一个团队在苦难时期最需要什么？就是财富的增加与自给自足，把握住这一点，团队就能在这种思想下团结起来。当然，在实际的财富增长之前，管理者还要为留下来的人绘制出一幅美好宏图，并且告诉团队成员，这份美好的宏图需要留下来的每个人都做出一份独一无二的贡献后才能实现。

在这个过程中，团队的管理者必须现身说法，让每个人都相信经过前番挫折，公司正在走向成功，同时管理者也要让自己更积极地投入工作。在Hotel Tonight扭亏为盈的过程中，Sam Shank给自己定了一些行事规则，到现在他依然在践行着：

一、对每分钟都负责，更积极地利用时间。之前Sam Shank在一周里面，有80%的时间是去公司外面开会，而现在，他选择留出更多时间和团队在一起。

二、保持时刻在线，让团队里的人可以很容易就找到你。如果没有人来找你，你也可以去旁听一些你平时不会参加的会议。

三、定期召开全开放式会议。在执行期，Sam Shank对公司一月一度的全员大会做了调整。原本的会议在结束前就有一个AMA(Ask Me Anything，“问我任何事”）环节，在追求盈利的7个月里，AMA环节变得尤其重要。这当中，员工提出了许多关键性的问题，管理层与基层之间也就此展开了许多富有建设性的对话。结果就是，团队因此而收获了许多富有创意的产品特色和新方案。这些方案不仅增加了收入，还降低了烧钱的成本。

此外，管理者在财务把控上也必须十分谨慎，每一个申报的项目必须有九成信心才通过预算，要坚决否决那些不会盈利的方案，因为这个阶段的公司已经不能再为未经证实的假设去冒险了。

在盈利过程中，一切都要以利润为核心，各项 KPI（关键绩效指标）的颜色和指标都要突出显示每个人在实现月度目标过程中所取得的成绩。

“我们的盈利能力指标是一条亮绿的线——我们都盯着它看。每项决策都以盈利为核心，如果数据一片飘绿，就说明离目标实现又近了一步。”

在开启追求盈利模式后的一周内，Sam Shank 惊讶地发现，团队观念出现了翻天覆地的改变。团队中的每个人都全身心地投入工作中，好像在说：“让以前的事都见鬼去吧！现在是时候建立伟业了！”

而在他反应过来之前，各个团队已经开始在做新项目来让公司重回正轨了。这一现象引起了 Sam Shank 的思考，其实在组建新的团队之前，他曾经在心里有过两个选择：1. 主动管理起所有的项目计划；2. 设立一些项目范围与实行标准，让团队在这个范围内自由发挥。

Sam Shank 选择了后者，后者让他获得了成功，并让他领悟到了企业管理的几个重要法则：

一、划定一个范围让员工去自由发挥，不再事事都要向领导批示。

这样会让团队的主动性得到极大的发挥，每个人应对挑战、达成目标和深入探索出色方案的能力都会让你大吃一惊。

二、公开奖赏。嘉奖员工做出的新努力或者新成果，如提前完成任务或应用了创新性的方法来减少预算，等等。Sam Shank 在公司设立了一个“省而不抠奖”，意指每月奖励一位采用精明的方式为公司省钱的员工。这让大家看到，每个人都能在方方面面的细节中取得成功。

三、在实现大目标的过程中，以具体的物象来展示目标，是一个极有帮助的手段。Sam Shank 在茶水间放了一瓶威士忌，写着“到了B2P才能开”——B2P 的意思是“盈利的成形”（build to profitability）。这瓶酒提醒着 Hotel Tonight 的全体人员，人们时刻想着“我们目标是什么”，作为一个有形的具体物象，几乎每个人都期待着在未来可以享用它。

2016 年 4 月，Hotel Tonight 实现了盈利目标，Sam Shank 团队只用了 7 个月便完成了这一目标。完成目标后，公司成员花了 10 分钟就喝完了那瓶威士忌，那一刻，Sam Shank 由衷地感觉到，此时公司上下有着一种空前的团结感，而这种感觉源于他们在一开始就共同定下的那个目标——盈利。

CHAPTER 05

经营：你必须不断奔跑，才能留在原地

下算者体力赚钱，中算者知识赚钱，上算者钱生钱

决策——贪婪是决策者最大的软肋

微微拼车：10亿企业一朝崩溃，死于贪婪与妄念

在“滴滴”“神州”等巨头占据网络拼车市场的当下，知道“微微拼车”这个名字的人可能少之又少了，但当时间回到2014年，“微微拼车”及其创始人“王永”却着实让创投圈的人们见识了一番“流星划过天际”的绚烂。品牌联盟（北京）咨询股份公司董事长、顺风车（拼车）发起人——王永坦言自己在创办微微拼车过程中收获到的教训比以往任何创业时期都多。下面，我们便来看看微微拼车的兴起与衰落。

◎ 前期：自身资源带来企业的高速成长

相比于其他大多数企业创始人，王永除了拥有北大EMBA、香港理工大学博士等高学历荣誉之外，还有一些更重要的资本，就是多年前他就在国内品牌设计行业闯出的名头。所以在创业方面，王永无论是在资金还是人脉方面都有着极大的先天优势。

关于顺风车，王永同样也走在很多同行的前面。王永是中国最早的“顺风车志愿服务活动”的发起人。在创办微微拼车之前，他就联合邓飞、赵普、郎永淳、陈伟鸿、崔永元等名人一起发起了“春节回家顺风车”的活动，倡议大家开顺风车回家，缓解春运压力。

2014 年，在各种拼车软件层出不穷的时候，王永心动了。因为之前便一直关注并推动着公益顺风车事业的发展，所以当看到商业版本的顺风车如此受市场欢迎之时，王永思考了这一行的发展前景后，便打定主意自己干。于是 2014 年 4 月，王永筹备成立了北京微卡科技有限公司；10 月，微微拼车正式上线。

在 2014 年 10 月，初创的微微拼车只有不到 30 名员工，公司账上的资金也不到 400 万。但凭借自己在顺风车领域的号召力以及全国各地的合作资源，王永迅速在多个城市打开了市场。而在 2014 年 12 月，微微拼车便拿到了 400 万元人民币的首笔投资，投资方为“中新圆梦”，当时微微拼车给出的估值是 8000 万元人民币；2015 年 1 月，微微拼车拿到了第二笔金额为 750 万元人民币的投资，投资方“茂信合利”给出的估值是 1.5 亿元人民币。

其时，微微拼车已经不能用顺风顺水来形容，其发展势头让其他同行瞠目结舌，甚至还上了央视《新闻联播》报道，王永本人主演的电影《顺风车》也开始了预热，在投资方面，包括中信资本、盛大资本在内的一大波投资机构络绎不绝地登门拜访。微微拼车的市场估值从 1.5 亿变成 3 亿、5 亿、8 亿，最后一路飙升到 10 亿元。

当时王永个人在微微拼车持股 70%，所以按照公司的市场估值来算，光是王永个人就价值 7 亿元人民币了。这个阶段的王永异常亢奋，甚至开始谋划一个规模更大的私家车共享经济平台，谋划上市，谋划全球化。中新圆梦、茂信合利也都希望能投出更多的资金，但都被王永“以不愿出让更多股份、希望小步快跑”的理由拒绝了，而实际上真正的原因却是因为王永认为，目前的投资额度并没有达到自己的心理预期。现在回想起来，当微微拼车被估值在3亿到5亿的时候去拍板，王永可能就真的能带领着微微拼车实现小步快跑，但他没有，于是最终他听到了中信投资10亿元的估值，但不承想，这10亿元就像一个美丽而巨大的泡沫，光彩耀眼不久，就带着微微拼车一同化为乌有。

◎ 中期：贪婪和犹豫使其错失最佳成长期

伴随着“微微拼车”一同超高速增长的，是王永内心的傲气与盲目自信。为了拥有最高的报价，王永一路犹犹豫豫，拒绝了许多急于入局的资本，选择将微微拼车的未来孤注一掷地投给出价最高的中信资本身上。而就在中信资本做完调查、准备开投决会之前，故事发生了致命转折——滴滴来了。

2015年2月14日，“滴滴打车”和“快的打车”宣布合并，不久后便传出滴滴将要推出拼车产品“滴滴顺风车”的消息，这对微微拼车、嘀嗒拼车、51用车等拼车行业的创业公司来说，无异于当头一棒。

没过多久，拼车行业的另一个创业公司“爱拼车”就宣布了停止运营，摆在其他玩家面前的最迫切问题是——滴滴把投资人都吓跑了。

“我没有预测到这样的结果，否则我一定会先拿一笔钱活下来，而不是一味等待高估值。”对于当时的情况，王永如是说。有趣的是，在宣布推出滴滴顺风车之前，滴滴的团队还曾拜访过微微拼车，并信誓旦旦地对微微拼车的高管说，滴滴不会做拼车，即使做也会采取收购或合作的方式，这一承诺让王永至今耿耿于怀。

滴滴把中信资本吓跑以后，微微拼车并没有马上到走投无路的地步。那时候，微微拼车每天要烧掉 100 万元人民币，账上的钱所剩无几，但如果放低估值去融资还是有一定机会的。果然，盛大资本来了，他们给微微拼车的估值是 4 亿元人民币，并愿意投出 1 亿元人民币换取 25% 的股份，其中 4000 万来自盛大，另外 6000 万来自两家跟投的机构。

与盛大的谈判非常漫长，而微微拼车账上的钱已经快要花光了。为了维持仅存的一点儿希望，王永个人先后拿出 2000 多万投入公司。在业务方面，微微拼车一度加大了在上海、杭州等城市的补贴力度，就是为了能做出漂亮的数据给盛大看。现在回想起来，王永说自己那时候完全就是一种赌博心态，而结果是，他赌输了。

2015 年 6 月，中国股市开始暴跌，在这样的背景下，盛大资本在投决会上决定不投资微微拼车，而王永转身去找其他投资人时，才发现无论估值降到多低，都已经没有任何人有接盘的意愿。自知大势已去，王永加大了裁员的力度。对于裁员，王永用一句话阐述了自己的感受：“从 30 人到 300 人很容易，但从 300 人到 30 人，过程中的痛苦可想而知。”

◎ 后期：管理失控成为压垮骆驼的最后一根稻草

融资失败结束了微微拼车的创业之旅，但这只是表象，真正杀死这家公司的，是其在战略、团队、管理等方面的一系列问题。王永说，对于失败他自己要承担 80% 的责任。作为董事长，王永最初主导公司的战略和外部事务，但在融资、招人、技术和管理等宏观层面，他的判断力都明显不足。

微微拼车的一位前员工告诉记者，王永对互联网不甚了解，前期他在融资方面太过乐观和傲慢，后期也没有做到当机立断，同时公司在用人上也没有形成规范，王永个人独断的现象时有发生。王永在全国各地有很多合作伙伴，这些人给微微拼车初期的扩张工作带来很大帮助，但后来他们用尽各种手段掏空了这家公司的资金。

如果王永手下有一支称职的高管团队，微微拼车或许也不至于失败得那么突然，但问题是，没有。回想起当初微微拼车招聘过来的高管们，王永的评价是——“简历都很牛”，不少人在华为、金山、摩托罗拉、百度等大型 IT 公司供职过，但对互联网产品的开发和运营却不甚了解，也基本没有带领上百人团队的经验。

比如在产品方面，微微拼车 APP 的用户体验很差，有一段时间每天要宕机三四次。而导致这一问题的根本原因还是出在资金上，微微拼车从开始到最后一共花出去 4000 多万元，王永认为其中至少有一半“被浪费了”。

首先，在市场补贴方面，微微拼车做得不够精细。有一段时间，微微拼车几乎每天都要补贴掉 100 万元，最多的一天则为 150 万元。但这些钱却并没有花在客户身上，在微微拼车后台，刷单比例至少占到了 30%，同时，那些花在用户身上的补贴，也并没有建立起较强的用户黏度，因此，最后王永总结道，微微拼车在用户补贴上的烧钱是一种不折不扣的自残行为，一刀下去血光四溅，造就了些许繁华，但过后就是香消玉殒。

补贴上的混乱并不是微微拼车胡乱烧钱的唯一点，在推广费用上，这家公司的内控问题相当严重。王永举了几个最典型的例子：重庆团队要走 80 万的推广费用，只带来 1000 多个用户；唐山要走 150 万，基本没带来什么用户；北京的一个活动花费了 20 万，只带来 100 多个用户。凡此种种，如此高的成本，却几乎没有给公司带来什么有效的回报。总结下原因，王永发现，微微拼车在全国推广的过程中，有至少三分之一的城市出现了通过合同造假的方式侵吞推广费的情况。很多地方几十万的推广费花完了，许多员工居然说没有见过这些钱。那钱到底流到了谁的口袋里？这至今是个谜。

此前微微拼车的高速增长掩盖了很多问题，而当王永发现这些情况的时候已经晚了。据他透露，掌握公司财务权的高层基本不会在财务方面进行任何规划和管理，各地来要钱，一不问钱怎么花，二不会考核实际的效果，一般都是直接通过。王永做企业 20 多年，本来是有着自己的经验和判断的，但当高管们用“互联网要信任、透明、快节奏”等理念来游说他的时候，他动摇了、相信了。

“他们告诉我，我们要学硅谷，每天穿个大裤衩、穿双拖鞋来上班，每天要有水果、酸奶，要好吃好喝。有一个月我看账目，买水果、买酸奶的开销都好几万。而除此之外，高管每个月工资 3 万多，媒介总监 2 万，总监的助理都要 1.5 万，可想我们的运营成本有多大。”

当王永发现这些问题的时候，公司账上已经没有钱了，他把自己的积蓄全部拿了出来，甚至还找朋友借了不少钱，用于裁员、收拾微微拼车剩下的摊子。最后，关于微微拼车，王永总结道：“以前我做公益，碰到的好像都是好人；做了微微拼车之后，遇到的好像全是坏人。但后来我在湖畔大学上学，马云跟我们讲，世界上其实没有好人，也没有坏人，人的一半是善，另一半是恶。我认为这是真理。”

在王永这番如流星般划过的创业经历中，其实有着许多对于创业者而言堪称前车之鉴的东西。比如：第一，作为一个初创企业，在前期一定要避免与巨头发生竞争，否则你的命运很大可能会被他人操控；第二，融资不能贪婪，要及时拿钱，出价最高的不一定最可靠；第三，做企业，一定要找到同舟共济的合伙人，打工心态的职业经理人往往靠不住;第四，内控和管理工作一刻不可松懈，否则公司会死在内耗上。总的来说，对一个创业者而言，如果说知取舍、明得失是成功的基本要素，那么贪婪与傲慢，则是失败的必然因素。

战力——英雄代表企业的战力高度

任正非：英雄不是领导，解决了主要矛盾，吊儿郎当一点不要紧

华为总裁任正非曾在一次中亚地区部员工座谈会上的讲话中给华为中亚地区部提出了几个改革意见，这几个意见在后来半年的时间里为华为在中亚地区的发展带来了极大改变。以见仁见智为前提，我们且看看任总这几个改革意见。

◎ 一线一把手着眼不确定性业务，死抓战略目标和胜利

2016 年，华为销售市场上一线的一把手不再叫主管，而叫“主官”，称呼的改变意味着工作性质的改变。这些人着眼不确定性业务，死抓战略目标和胜利，这是任正非针对华为提升国际市场竞争力的第一个改革点。目的在于将华为各地区分部总裁、代表处代表、系统部主任等外拓型人才释放出来，换句话说，就是别让使枪的人去为造枪的事情操心，使枪的人要关注的只有一个——定准目标，聚焦成功。

对此，任正非打了个比方：“就像中国军队改革后的士官长，其实就是以前有经验的‘老班长’，他们对潜艇、舰艇、导弹、鱼雷等都很熟悉，凭经验、按程序就能管理整个舰队的日常训练。只有这样，舰队的舰长就不会再被类似‘油加好没有，机油配好没有，导弹装好没有’

的日常事项牵制住精力，他们要关注的就是作战，就是如何取得胜利！”

这个比方代入企业组织中，其实就是：由一个庞大的有着极强规范性和高质量的团队来处理确定性事务，让外拓型和业务型人才能够随时保持机动，四面出战。

在对确定性业务（华为两大确定性业务：财务与物流）的管理上，任正非提出“按流程做事”的方法论。任正非认为，对确定性业务的考核是管理效率和质量，最好的管理方法就是遵从流程。当然了，根据一定的程序优化流程，加强效率是应有之义，因此任正非授权公司代表来处理内部流程中的相关不确定工作，而管理方法和标准只有一个——以利润为中心。

虽然没有明说，但“以利润为中心”实际上就是任正非给代表处的权责托付，这一方面意味着华为海外公司代表处掌握了“客户选择权”“产品选择权”“合同决策权”等诸多大权，同时也意味着责任的分配，要知道，华为一线战场上的决策权可不是按全流程成本授权的，而是代表处的不确定性的成本授权。换言之，等到华为年底闭环的时候，代表处这一年所赚取的利润直接决定了考核结果和来年该处可分配的资源额度。

◎ 所谓战略：就是懂方向，能舍弃

在任正非眼中，战略可以分两个方面来看，“战”指方向，“略”指舍弃，一个企业不谈取舍，便没有方向。所以对于形势不好的市场，华为要敢于抛弃一部分、聚焦一部分，把眼光集中在聚焦后的利润之上，

而不要对舍弃的那部分念念不忘。

在市场竞争方面，任正非特意点明，华为绝不与其他公司进行恶意的低价竞争，也不要担心恶意竞争对手“做了烂合同后走向好合同，一步步走向胜利”。因为华为公司经过 28 年人力资源的磨合，已经形成了一套非常合理的分配结构，世界上像这样做的企业是少有的。用任正非的话来说就是，华为已经那么先进了，不利用自身领先优势，却去加入低价竞争，这无疑是在战略上的失策。因此，任正非告诫华为全体员工，在整个中亚地区甚至全球，华为首先要建立的是战略自信，不能被恶意竞争对手牵着鼻子走。

而关于如何建立战略自信，任正非为中亚地区部的员工给出了以下两个方向：

一、找到当地市场战略突破口，把握未来战略机会。

关于如何激活新市场，任正非认为，向他人学习是最好的捷径。就像当初华为用 4K 电视来撕开中国地区市场一样，此后在中亚、欧洲等地，华为创造了诸多成功案例。而在华为之外，全世界更是有着无数个顶级的样板可供学习参考。因此，作为先锋和排头兵的华为海外员工，一定要避免闭门造车，必须结合当地实际情况与成功案例来找到市场战略突破点。

二、建设好“三朵云”（企业管理云、公共服务云、生产控制云），使之与公司信息同步，把握战略机会点。

中亚地区与中国可以说相隔千山万水，尤其是中亚地区在电子科技应用上相对落后，无法获得有效的信息和战略资源，但中国本部不一样，华为本部每一天都有着不一样的更新。任正非要求华为所有的海外驻点都要通过“三朵云”与本部同步，不至于让自己成为信息孤岛。“三朵云”是本部对中亚地区部在当地立足的关键支持，也是本部为中亚地区部所能提供的最重要的战略资源。前线战士利用好“三朵云”能加大加快打开市场切入口的进程，因此，任正非对“三朵云”的建设立下硬性要求——“三朵云”建设要比赛，年底排在后面的代表处要降工资、降级。

◎ 明眼看人，找到真正的客户

说完战略后，任正非又把话题转移到了战略坚守上。任正非认为，如果因为某些问题而放弃华为在海外的第一个小国市场，那么接下来华为就必然会放弃第二个小国，然后又是第三个小国……等到把全世界的小国市场都放弃掉后，华为的“防线”就只能退到国内，然后又根据市场情况来逐步放弃西藏、云南、贵州，再退掉新疆、青海……最后就剩北京、上海这两个最赚钱的地方。但试问，那时候的华为还有能力去守住这两棵摇钱树吗？所以，寸土必争，“阵地”不能有分毫丢失，这是企业生存的根本性原则。

另外，在坚守和放弃的抉择间，任正非给出了一个标准线，就是“找到真实客户”。许多人在开拓市场的时候都会将眼光聚焦在“客户需求”上，但任正非则将其做了一个更加细致的描述，他认为，所谓客户，并不是说这个人有需求就代表他会成为你的客户，有需求但不付钱买单的怎么能叫客户呢？

真实客户一定是那些有需求且愿意付款让你赚钱的人，而愿意付更多的钱买东西的人，就是一定要抓在手里的优质客户。任正非告诫华为员工，在对客户的认识上要做适当改变，世界那么大，华为不可能什么市场都做，如果为了服务几个低价值客户，把优质客户的价格都拉下来了，那就不值得了。

◎ 考核要以结果为导向，对英雄及时激励

在如何保持员工干劲儿、保持战斗力方面，任正非显得十分“简单粗暴”——“冲上山头的就是英雄，就该发‘山头激励奖’。”

任正非认为，在人才评选的过程中要尽量避免“全方位比较”的情况出现，更直接点儿说，攻上山头、炸了碉堡，这就是立了大功，跟那些微末细节没有关系。英雄不一定是干部，而公司要做的，就是奖励他炸碉堡这件事情。至于冲上山头的人能不能当干部，则是另一个方面的比较。

工作中每个人都有主战场，把自己的业务做到最优秀的就是英雄。工作中的失误对许多人而言是不可避免的，失误的确会给公司造成损失，但他认为只要好好总结，敢于“把脓包捅破”，就有改正的机会；而且，能从泥坑里面爬出来的人更是英雄。任正非也曾笑言，历史上有很多英雄都跟李云龙一样带点儿“吊儿郎当”的气质，因为他们抓的是主要矛盾，在其他方面，可能就有着这样那样的缺点。

英雄与干部，这是要区别来看的两个对象，但与选拔英雄一样，一个团队就是要敢于拉开分配差距，破格提拔贡献者，让优秀的员工多拿钱，得到快速提拔。因为不拉开差距，优秀苗子就起不来，团队

士气就必然低落。世界上任何一支铁军都是打出来的，打了胜仗，表现卓越的人必须快速提拔，还要选出几个优秀人员来树立标杆，让其他人看到榜样，由此大家才会在战场上争相冲锋，超越标杆，这样才能形成一个正循环，一支队伍的士气才会慢慢树立起来。而那些落后的、不出绩效的人自然就会在这样的机制中被慢慢淘汰。

眼界——一心赚钱的人做不了大事业

曹国伟：创业需要的不只是机遇和条件，还需要一种坚定不移的信念

马云在很多场合都表达过，其实阿里巴巴现在做的事情并不是为了赚钱。很多人把这句话当作是马云在装深沉，然而只有真正在做事业的人才能懂得这句话的内在含义。一个企业、一份事业到最后，都是在完成一个信念、理想和追求。也只有这样，一个人、一个企业抑或是一份事业才能不断突破、永无止境。

2017 年 4 月 17 日是新浪微博上市三周年的纪念日，而今微博的股价比 IPO（首次公开募股）时增长了近两倍，微博一跃成为中国互联网行业最年轻的百亿美元市值公司。同时，对于新浪总裁兼董事长的曹国伟来说，这也是他进入新浪的第 18 个年头，18 年的新浪路，曹国伟殚精竭虑。事后他总结道："要想在互联网行业这个迭代飞快、资本巨大、竞争惨烈的环境中生存下来，人们需要的不只是机遇和条件，还要有一种坚定不移的信念。"

在互联网行业里，资本带来的浪潮不只让许多人拥抱财富，更让绝大多数人埋覆在巨浪之下。互联网发展到今天，已经度过了好几个时代，往往一个时代结束后，能活下来的公司少之又少。所以哪怕新浪今天看上去已经足够成功，但曹国伟的心依然无法安定，他看到了新浪在不久便会进入一个新领域的竞争中，而在这时，他常常想到的

就是那八个字：人在江湖，身不由己。

◎ 用户时间的竞争无法避免

在当下这个以互联网为背景的商业时代，微博与今日头条、微信等诸多公司都在做着同一件事情——满足用户获取信息、消费内容的需求，这导致几大巨头之间直接或间接地都会存在竞争。而在互联网发展日趋成熟、移动互联红利逐步消失的当下，当用户被挖掘殆尽，时间竞争就成了重点，换句话说，不同网站与 APP 之间的争夺不再以新用户增长为核心，而是以用户在自身产品上的“使用时间”为关键。

总体来看，新媒体在发展过程中一般都有两条主线：一条是让内容的创造、分享走向便捷；另一条则是，当海量的信息出现在互联网上时，用户只需要获取和他相关的信息，换言之就是，通过精准定位与私人定制来向用户推送对他有效的、感兴趣的信息。

从时间跨度上来看，不同时代中用户获取信息的方式各不相同：在门户网站时代，用户在网上被动接收网站人工加工后的信息；在搜索时代，用户通过搜索引擎来主动搜索自己感兴趣的信息；社交时代则是通过人工分发；时至当下，机器分发信息变得越来越重要。曹国伟的新浪微博，就是这样一个包含了社交与强大机器分发能力的传播平台。

曹国伟认为，当下新浪微博最有力的竞争者并不是 QQ 或者微信，而是从“专做精准阅读内容推荐”起步的“今日头条”。在他看来，今日头条与新浪微博可以说是殊途同归，虽然两者的基本领域不同（今日头条主做智能推荐体系，微博主做社交），但本质上却都是通过传播关系来传播内容，如今微博开始涉足信息推荐方面，今日头条也开始向社交领域发展，可以说双方都进入了对方的领域。

两个巨头分别渗入对方的领域，矛盾必然是无法避免的，但曹国伟在这方面也并不是很担心，用他的话来说就是："虽然说微博可以做推荐，今日也可以做社交，但是一个平台根本的基因不会改变，在这个平台上的用户最主要的使用方式也不会改变。"

今日头条最基础的是智能推荐体系，推荐的基本以短内容为主。而一个平台要想具备社交属性，最核心的一点是要建立起账号体系，在当下的互联网市场中，今日头条或者其他类似平台目前都还没有建立起这样的体系，而要从根本上改变产品的特性非常难。

曹国伟同时也提到了未来随着互联网的深入发展，这种相互渗透、你中有我、我中有你的综合性媒体时代必将来临，各大平台之间也必然会形成推荐与社交相结合但各有侧重的综合体系。但到那时，相信微博本身的信息推荐体系也将真正成熟。

◎ 微信与微博之间未来是否会有一战？

微信与微博之间未来是否会有一战？答案是肯定的，而且无形的交锋实际上很早就已开启。从网络结构来看，微博本身是一个公开平台，不具备私密性，并不适合做非常强的社交互动，而微信则是一个天然的通信工具，而后的发展实际上是在通信的基础上增加了传媒属性，微博早期就具备社交跟媒体两个属性，但微信发展起来以后，把用户的部分社交需求分流了过去，此后还推出了具备一定媒体属性的朋友圈，这对微博而言无疑是一个巨大的影响。

互联网公司必须通过打造规模效应来实现效率的提升，因此，达不到一定的规模就很难产生真正的商业价值，也难以出现竞争壁垒，所以产品的增长势头是非常重要的，势头一旦降下来，对平台的影响会非常大。当微信推出朋友圈来对微博进行分流的时候，曹国伟在分析了竞争环境、市场情况、自身定位后，做出了决定——跟微信进行差异化竞争。

所谓差异化竞争，其中最重要的方向之一就是把微博的公开性、媒体性和传播性做得更强。曹国伟确信，在一个快速发展的市场里，私密性社交和公开性社交的需求是同时存在的。

在具体的执行上，微博当时做出了以下三个改变：

一、强化内容生态建设，全面布局短视频、直播，以及加强垂直领域内容的拓展。

二、不断提升内容的发布效率与传播效率。

三、在获取新用户方面，向三四线城市去发展，向年轻的用户去发展。

这一改变的结果证实了曹国伟对互联网整体商业战略分析的正确性，微博与微信朋友圈在受众群中被明确地区分开来，双方各自满足了用户的不同需求，从而使得微博成功渡过了这次“朋友圈”危机。

◎ 战略前瞻性与执行效率让微博脱颖而出

2017 年 4 月 17 日是微博上市 3 周年，同时也是曹国伟加入新浪的第 18 个年头，在这个过程中他参与了新浪所有的资本运作。用他的话来说，微博的上市路演是他所见过所有路演中最惨淡的，而路演的主角就是他。之所以惨淡，原因有两个：其一，当时的整体环境十分不利，2014 年正值国际经济的低迷期，大量 IPO 的股票都跌破了发行价；其二，当时并没有人觉得微博作为社交平台会具备很强的增长势头，很难成为有价值的大平台。

但微博终究还是成功了，过去微博连续 9 个季度盈利，曹国伟当初跟投资者们宣讲时阐述的商业路径、策略，包括怎么增长用户、流量转化等，如今也都一一实现，甚至做得比当初还要好。对于这一结果，曹国伟说道："世界上很少有公司能在一个新的、颠覆性的时代到来之前，抓住第二次机会，微博的成功是一件非常不容易，也非常幸运的事情。"

的确，互联网企业要成功，首先需要的就是对未来趋势做正确的判断。新浪早在 10 年前就对微博有了一个战略前瞻性的判断——未来新媒体发展的趋势必然是社交媒体，而在做出这个判断之后，曹国伟就开始设法激发团队的整体执行效率。

"我们确定了要做微博后，集全公司全部的人力、物力去做，有点儿 All in（全部加入）的感觉。另外，新浪在微博创业时还设计了独特的内部机制。"

所谓"独特的内部机制"，意指新浪微博是新浪全公司共同参加的一次创业结果。2009 年微博上线的时候，曹国伟团队围绕微博设立了一套期权体系，这个期权体系不单单为微博员工设立，而是为整个新浪设立。在后面很长一段时间里，新浪中高管发的都是微博期权。这一方面保证了微博的独立性，另一方面也使得全公司上下的利益一致。对于新浪的员工而言，微博不再是一个单纯的工作岗位或创收通路，而是一个属于自己的东西，在这种情况下，人们为自己的东西开始不遗余力地服务，甚至把全部资源都压上去，这对后来微博的成功有着巨大而关键的影响。

◎ 真正的创业者在创业初期不会把精力放在赚钱上

目前在新浪平台上，短视频是继图片微博之后发展最快的一个领域，相比于 2015 年，2016 年微博短视频播放量增加了大约 10 倍。而曹国伟认为，未来 5 年到 10 年，70% 以上的流量都将来自于视频，所以视频作为一种内容消费的形式必然会越来越重要。

不过现在有一个问题是，短视频的发布平台有很多，微博不过是其中的一家，如何在视频大潮中展现出核心竞争力呢？

曹国伟给出的答案很简单——粉丝。

“微博是一个媒体性的赋能平台。你可以在上面发短视频，进行直播，也可以做内容运营，不断积累、沉淀粉丝，别的视频分发平台不具有这种社交属性，没法积累粉丝。”

从 2015 年到 2016 年，国内涌现出了近千家直播平台，但到 2017 年，国内网络直播平台的热度与估值却在不经意间呈现出了下滑趋势，对于这种情况，曹国伟认为是“必然”的。

在中国互联网市场，一旦有一个新鲜事物快速发展起来，就必然会引来成千上万的公司追逐，这其实是中国创投圈的一种不成熟的表现，因为对创业者而言，跟风没有意义。互联网竞争到最后，还是要看你能不能做到拥有巨大的用户规模，进而产生规模效应和竞争壁垒，如果不能，就很难产生商业价值。

在曹国伟眼中，仅靠打赏、网红直播来快进快出的商业模式，本身就很难产生大的用户规模和商业价值。能做大的直播平台，要么有很多付费用户聚集,要么有现成的流量承载模式。如果什么优势都没有，商业机制就必然难以延续，所以，纯粹的以直播作为商业模式的公司，其成功概率是十分低下的。

当然了，曹国伟也提到，无论这些公司成功与否，直播作为一种内容形态还是会无处不在。因此曹国伟对当下的青年创业者给出了这样一个建议：创业者在创业初期尽量少想一点儿收入的事情，多想一点儿产品和服务。因为商业是建立在产品和服务的基础上的，所以多花些精力在业务和产品开发上才是正道，那些刚开始便想着如何去融资的人，其实是在浪费自己的时间。

如今，国内的创投圈已经日趋成熟，投资人的关注点普遍从创业者的“创意能力”转向“自我造血”能力上，所以，先期进行融资，然后用“烧钱战术”开路的方法已经越来越不实用。曹国伟见过很多在早期便能够盈利的平台，其自身的生存能力都不会太强，也很难发展成持续盈利的大平台。因为一般来说，前期投入越大、规模越大，产生的平台效应就越强，以后的盈利能力也越强，反之，如果一类公司很容易盈利，一开始就有很多人赚钱，那说明它的壁垒不高，也不是靠效率提升产生的大盈利，而是靠业务赚钱。业务是很容易被复制的，一打价格战，收入和盈利就会被打掉。

互联网时代是一个风起云涌的时代，在云涌风动之时，很多人被裹挟着卷入趋势的大潮，很多人也因此收获了第一桶金，然而赌中一个契机与做成一份事业之间仍然间隔着十万八千里。在资本和整个市场的潮涨潮落里，有的人想要弄潮出海，有的人只不过想在沙滩上捡些贝壳，这两者之间的差别，都无一例外地在结果中展现了出来。

舍得——有舍才有得

俞敏洪：分更多的钱，用靠谱的人，做伟大的事

“商业学习永远不是面的学习，而是点的学习。”这是新东方集团董事长俞敏洪在最新一次演讲中提到的观点。在俞敏洪看来，当下社会中的系统的商业理论课程都有一个错误的地方，就是他们会把人固定在某种规律性思维上，但规律性思维恰恰是做生意的大敌。所以有时面学得越清晰，点的突破能力就越差。

点和点之间的关联方式不是直线关系，而是拐弯关系。任何人想要照着死板的商业原则模仿而获得成功都是不现实的。那么成功的几个关键点在哪里呢？俞敏洪阐述了以下几个观点。

◎ 寻找真实痛点，解决客户需求

做生意首先要解决痛点，创业者要根据痛点来设定商业模式。新东方在最初创立时，面对的是出国需要考托福或 GRE 的学生。这类用户的痛点是什么？就是得高分，而得高分的核心要素就是顶级的老师与教材。

在当时的情况下，教材问题好解决（美国人考试的全真题目就是最好的教材），难的是老师的问题。作为第 N 个吃螃蟹的人，俞敏洪

回忆道："当时全北京30多家培训机构的老师，要么是中学老师，要么是大学老师，无一接受过讲考题的培训，而在这些老师的教育下，学生普遍拿不到高分或高分不明显。"

新东方开始第一期班的时候请了不少北大的老师，俞敏洪也加入授课，到后来俞敏洪发现，比起那些跟着其他老师学习的学生，选择听他课程的学生考的分数明显较高，到后来甚至俞敏洪一上课，课堂哗啦啦就挤满了多达2000多名学生。起初，俞敏洪对此并不理解，直到后来听到学生的反馈后他才明白，授课成果是硬性标准，就算是北大的老师，你教不了学生需要的东西，那也不会有人来听你讲课。所以，俞敏洪毅然放弃了从外聘请老师的规划，潜下心来按照自己的授课方式来培养新东方的第一批老师，直到这批老师开始按照他培训的方式来上课的时候，新东方才算真正解决了学生的这一大痛点——合适老师的缺乏。至此，新东方也正式进入高速发展通道，仅用了3年时间就统领了全国的国外考试市场。

在解决这一痛点的过程中，新东方还发现了一个意外之喜——学生在学习备战托福、GRE的过程中必然是痛苦烦闷的，而老师一本正经的讲习无疑是在学生的痛苦之上又撒了把盐，所以俞敏洪要求所有新东方的老师讲课时必须幽默，必须带有生动和励志气息，把很难、很严肃的课易化，让学生更轻松地学习。结果，有许多学生来听课，不是为了考试，而是觉得老师讲得好玩儿、水平高，而这也成了日后新东方区别于其他国外考试机构的又一大优势。

◎ 急功近利给新东方当头棒喝

2014 年，一向势头迅猛的新东方遭遇了一次极其重大的危机，这次危机源于管理层在扩张上的急功近利。当时，一部分管理层认为新东方要想急速发展，已经不能光靠教学质量了，而必须建立更多教学点，增大客户流量。于是，一些人制订了一个构建性战略计划，这一计划规定某学校今年要增长 50%，于是便计算增长 50% 需开多少教学点，以至于一年内新东方在全国增加了近 300 个教学点，扩招了 1 万名未经任何培训的老师，并开始做大量营销招收学生。为了冲收入，甚至不断提高各门课程的价格。

而这一决定带来的后果是，新东方在一段时间里的收入暴涨 70%，随后而来的，却是全国大量家长和学生的投诉和退款要求。俞敏洪敏锐地发觉，这一趋势已经严重动摇了当初新东方初定的"解决学生教学资源这一痛点"的战略根基。

新东方在大肆建立教学点、做营销把学生忽悠进来之后，却没法解决一个根本性的问题——教师资源。实际上，每一个带孩子来新东方的家长其实对新东方至少都有一个要求，就是新东方老师的教学质量要比公立学校老师高。然而，在当时新东方新招的一大批老师当中，许多人既没教学经验，也没好的背景。这使得在短短的一个时期内，新东方在初期辛苦建立的口碑顿时遭受了重创。2014 年，新东方开始出现崩盘效应，家长退费、口碑下降，各种问题层出不穷。2014 年年底，新东方总收入只增长了 14%，净利润率下降了 8%，更严重的是学生人数也随之减少了 11%。管理者看班级里学生越来越少，又开始忽悠家长一对一，甚至有些教学点为了留住学生，一下收取了3年的高额学费。

2014年年底，向来以温和示人的俞敏洪第一次展现了他的铁血手腕，对管理团队进行大刀阔斧的改革，并组成新的核心管理队伍。一方面，在所有大会上强调教学质量、研发教学产品；一方面，则严格限制一对一业务。而在2015年年初，俞敏洪在年初会议上公布了两个所有新东方人员都必须做到的事：一、所有考核必须把收入和利润指标去掉；二、人力资源对关键人物的考核体系，严禁使用任何收入和利润数据。

会议结束后，新东方人力资源主管跑过来问俞敏洪，不使用任何收入和利润数据，那如何进行相关考核？俞敏洪答："考核能让新东方走向健康轨道的指标。"

所谓健康指标，有这么几个方面。一是"学生人数"的增长数（而非收入的增长数）。二是授课老师的自身素质（相关课程老师要参与考核，考核分数须在一定分数之上，同时在聘请老师方面，提升老师毕业院校门槛，如2015年新东方教师队伍中211、985学校的毕业生须占总体师资的40%，2016年则上调至65%，2017调为75%）。三是优胜劣汰，优秀的老师加工资，不合格的全部淘汰。此规定一出，全国各地分校纷纷抱怨，说本身就已经面临亏损，再给老师加工资，明年就没利润了。俞敏洪回忆道："我不要你们利润，一年内全国老师平均工资必须提高30%左右，把优秀老师培养出来！"四是校长考核标准：客户满意度、客户推荐率。这两项指标加起来，校长的分数必须到85分以上（2017年已提升到90分）。低于85分的，奖金迅速下降；低于 80 分的，奖金为零。几乎在一瞬间，原本的“狠抓利润，利润为王”的风气变回到“狠抓教学质量和教学产品”上。

这一改革带来的震荡不可谓不强烈，对此俞敏洪也并非全无担心。按照他的计算，新东方虽然不会倒下，但最少也要熬过两年的艰难时期。但事实证明，当你把事情做对的时候，好的结果会比预想的来得更快。不到 3 个月，家长们发现新东方老师教课水平变高了，于是陆续把孩子领回新东方。不到半年，学生人数回升。2016 年年初，公司收入增长 25%，利润增长 4%，股票升到 40 多美元，新东方“起死回生”。到今天，新东方股票接近 80 美元，市值从当初约 30 亿美元到今天的 130 亿美元，总收入从 2014 年年底的 60 多亿元到 2017 年的 130 亿元。这就是企业发展的正常之道，只有真正抓住客户痛点，才能长远发展。

◎ 如何做好资金投入与团队建设

对于新东方的“三驾马车”，俞敏洪有一个评价：“如果我把新东方单独交给王强和徐小平，他们是做不起来的。我之所以能做起来，很重要的一个原因就是我是农民出身。农民有眼光狭窄的缺点，但也有一个优点，就是善于计算。中国农民善算，农民出身的人创业不会乱来，会更加成功。不乱来不等于没激情，我还是很有激情的。当然，农民有狭隘和局限，所以我就需要王强、徐小平这样有想象力和创造力的非农民出身的人一起合作。人一生的时间、金钱是有限的，生命之所以有意义，是因为在有限的时间之内做出了无限的事情来。所以，创业一定是一场冷静的投入和计算的过程。”

投资，不要光考虑钱的问题。在俞敏洪看来，很多人创业之所以失败，就是因为不管金钱、时间、精力、能力的投入，不经计算便一头扎进去出不来。至今为止，俞敏洪加上洪泰基金共投资了 300 多家公司，其中死了几十家。事后他分析，这些公司之所以创业失败，大多都有两个主因：一个是乱花钱，没有计算好投入与产出的关系；另一个，则是公司战略布局混乱，多头投入导致精力分散，资金没得到有效的运用。

对于花钱，俞敏洪举了一个例子："今年 5 月份我带新东方的 2000 位老师包了个游轮在海上漂流了 5 天，花了 2000 多万元。当初提出该方案时，新东方决策层都反对，因为觉得不花这 2000 多万元，老师也照样拿工资、上课，公司账上还能多出 2000 多万元利润；但花了这 2000 多万元，按照市盈率计算，相当于损失了 10 亿元。但我觉得不能这么算，首先团建是必需的，这 2000 多人是公司最顶尖的老师，花 2000 万元让老师们在豪华游轮上团建，第一会让老师们对公司更有归属感；此外，全中国人民会关注我们，而其他培训机构只能自叹不如。它带来的宣传收益不是我们花费一两亿元打广告能做到的，甚至超过了 10 亿广告费的收效。"

俞敏洪认为，在一个公司的组织架构中，创业合伙人是最关键重要的角色，因此，创业者千万不要随随便便地去找合伙人，团队构成最重要的是抓入口，而不是抓培养。刚开始创业时，宁可一个人干，也要谨慎找人，你可以雇人来帮你干活儿，但不要让他们随便成为你的合伙人，因为你的合伙人一定是能帮你打天下的人。

在新东方的起家之初，俞敏洪堪称孤家寡人。虽然当时也有 30 多位老师，但俞敏洪并没有将他们视为合伙人，这是因为这些人都没有满足他对合伙人的三个硬性要求：眼界比他开阔；思想比他先进；有海外经商的经历。

2000 年，新东方最早的一批老师基本全部离开了新东方。离开时，俞敏洪分别给了他们 0.2% 到 0.5% 不等的股份，这引起了许多离任员工的不满。因为在公司里，刚刚加入的王强和徐小平分别分得了 5% 和 10%，但这些人却一路跟了俞敏洪近 10 年的时间。当时俞敏洪跟他们说：“0.5% 足够了，你留着，未来就是富翁。”但这一承诺却并不为多少人相信，大部分老师选择将 0.5% 的股份换成 10 万元钱。

而让绝大部分人都想不到的是，仅仅时隔 6 年，俞敏洪便带领新东方在美国纽约证交所上市，成为中间大陆第一家在美国上市的教育机构。新东方上市以后，0.5% 的股份已价值 5000 万人民币，现在，新东方的 0.5% 股份相当于 6000 多万美金。

新东方为什么能做这么大？这跟俞敏洪对团队的投入和搭建有着密不可分的关系。新东方“三驾马车”中的另外“两驾”王强、徐小平是俞敏洪从国外请回来的，三人之间没有什么上下级关系，所以互相间敢说真话，敢改变新东方的运营原则，也敢用世界的东西跟俞敏洪来对标。他们虽然不是学管理出身，也没有管理理念，但他们在国外待了七八年，对英语和西方文化的理解都比俞敏洪要深。而在俞敏洪心中，新东方的发展靠的是高人而不是老师，老师可以换，但高人不能换。

◎ 创业者的必备素质与能力

一、做一个充满激情的理性主义者。创业者一方面要对自己做的事有激情，俞敏洪拿自己打比方——他对教育的激情会使他一走上讲台就忘掉自己；同时创业者也需要足够的冷静，换句话说，当涉及资金与人员投入的时候，创业者一定要冷静而理性地去思考这样做是否安全。

二、做一个自信而谦卑的人。一方面你要对自己做的事充满自信，有理想主义情怀，让所有人觉得跟着你干绝对能成；另一方面也需要谦卑，面对新的技术、创业合伙人、客户等，为人处世要谦卑。一个人谦卑对外不会惹麻烦，对内也能有更多时间和精力处理核心问题。

三、做一个有着个人英雄主义与集体荣誉的人。创业者要树立个人英雄主义形象，这样才更能够树立威信。但独木不成林，所以英雄一定要有集体荣誉，把利让给别人。俞敏洪坦承自己就是一个有着英雄主义情结的人，但这并不妨碍他把自己在新东方的股份从开始的100% 让到 15%。

四、做一个偏执狂和格局王。偏执能起到真正让事情做大的作用，但是偏执不等于狭隘，因此一定要有格局。这样的人对业务发展有着相当的执行力，同时对市场也有着长远的洞察能力。其实偏执换一个角度看就成了专注。在俞敏洪看来，专注才能把事情一点一点做好，所谓多元不是一上来就要多元。许多创业公司收入总量也就几千万，但却做了六七个不相关的业务，而其实，当一个业务能够做到几个亿的时候，再来考虑做相关的第二个业务才是正确的选择。

◎ 高科技与创业的关系

所谓高科技与创业的关系，在俞敏洪看来本质上就是三句话。

一、高科技带来巨大的商业模式的变迁，蕴含了巨大的机会

比如，教育领域出现的 Vipkid 等外教线上口语，虽然没有颠覆线下模式，但却带来了一种新的教育模式，让几万公里外的外国老师给中国学生上课，这种模式创造了新的机会。

二、不要把高科技当作解决一切问题的灵丹妙药

科技永远不是障碍，你能用的，我也能用，科技背后的内容才是障碍。为什么 2000 ~ 3000 家教育领域的公司现在很多都倒闭了？就因为他们认为科技就是一切，但教育领域中内涵和质量才是一切。

三、商业的本质和高科技无关，高科技是用另外的捷径实现商业的本质和逻辑

当你理解了某个领域的商业本质以后，就要考虑一下，现代化的技术到底能不能把商业本质以最短的路径、最小的代价实现，并且实现得更好，甚至把大公司颠覆掉。这个世界千变万变，但事物的本质不会变，商业也是如此，任凭技术如何发展，创业者要做的，就是满足客户对这个行业或者产品的需求点。

总体来看，在俞敏洪的阐述中，我们会发现，无论是他在最初创业时的需求切入，还是中期为遏制失控的壮士断腕，抑或是后来寻求联合创始人的谨小慎微，他一直在遵循着他所看到的商业本质在行动着，这个本质就是：找到真实的市场，看到最痛的点，用靠谱的人、做伟大的事、分更多的钱，对自己负责。

CHAPTER 06

管理：领导力是一种宗教

规则就是用来杀人的

组织——大权独揽，小权分散

马化腾：成熟企业不惧人才流动，向来是铁打的营盘流水的兵

“即将消灭你的那个人，迄今还没有出现在你的敌人名单上。”这句话用在当下中国的商业环境中已愈发贴切。我们生活在一个处处充满不确定性的新经济时代，在这个时代里，决策失误是所有中国企业未来发展道路上要面对的最大风险。有研究表明，世界上每 1000 家倒闭的大企业中，就有 85% 是因为经营者决策不慎造成的。那么，究竟怎样的决策体系才能使企业在发展的过程中把成长风险降至最低呢？

◎ 腾讯：共识为决策的前提，大权独揽，小权分散

腾讯在要对一件事情做出决定的时候，通常会有这样一个现象，在关系到公司整体战略的事务上，以达成共识为决策前提，若反对的人多，该决定便会被搁置，而一旦为大多数人所赞同，反对者则可以选择保留自己的意见。在这一过程中，马化腾并没有被授予“一票赞同”或“一票否决”的权力，更多时候，这位公司的大老板看上去更像是一位折中者。

2005 年，腾讯宣布进行第二次组织架构调整，公司的组织架构被划分为 8 个序列，由 5 个业务部门（企业发展系统、无线业务系统、

互联网业务系统、互动娱乐业务系统、网络媒体业务系统）和3个服务支持部门（运营支持系统、平台研发系统、职能系统）组成。此次调整，意味着事业部制度的形成。各事业部以产品为单位，专案开发、分工运营，从此腾讯形成了“一分为多”“兄弟爬山，各自努力”的功能架构。

这个架构中有一个非常微妙的安排：腾讯所有的业务基础都来自于流量，然而，纵观公司整体组织架构，当中并没有一个类似于“总参谋部”这样的机构来进行流量的统筹配置。这一职权其实被掌握在了“总办”手上，这无形中让腾讯在内部组织机构管理上形成了一种“大权独揽，小权分散”的模式，各事业群的负责人在业务拓展上被授予了最大的权限，但其命脉始终由最高决策层控制着。

◎ 高层，从不表决决策的马拉松会议

在部门业务的事项上，相关责任主管的意见是很受重视的，因为腾讯内部有一个成文的法则叫：“谁主管，谁提出，谁负责。”而“一旦做大，独立成军”则是腾讯内部不成文的规定。在这种机制下，腾讯内部各部门之间逐渐形成了一种类似于“赛马机制”的氛围，各部门之间的创意层出不穷，并为腾讯一路来的产品研发带来了许多意外之喜，诸如QQ空间、QQ游戏，甚至是微信，这些都不是顶层建筑规划出来的，而是基层的各个业务单元发掘或独立作业的结果。

在公司的决策上，腾讯有一个“总办会议制度”。每两周召开一次，参加者为5位创始人和各核心业务部门的主管，人数为10至12人。

这个人数规模在腾讯后期的发展过程中一直没有什么太大突破，甚至到2013年，腾讯的员工总数已超过2万人，总办会的参与者也不过16人。

总办会可以说是腾讯最为核心的决策会议，马化腾要求所有与会者无论日常工作多么繁忙，都务必前来参加。每次会议都在上午10点准时开始，一般都要延续到第二天凌晨2~3点，因此是一种非常考验体力的马拉松会议。

好几位与会者透露称，在总办会上，几乎所有重要的决议都是在午夜12点以后才做出的，因为到那个时候，大家都太疲劳了，常常有人大喊“太困了,太困了,快点定下来吧”,然后就把一些事情定了下来。

总办会一个独特之处在于，这个会议没有相关的表决制度，根据人力资源部门主管奚丹回忆，“Pony喜欢开长会，每一个议题提出后，他都不会先表态，而是想要听到每一个人的态度和意见，所以会议往往开得很漫长。而十来年，也没有一次决策是靠表决产生的。”

那么这个会议的作用是什么呢？腾讯的集体决策机制是创始人多年磨合而成的，当中成员都是公司股东，又彼此信任，因此在这个会上,大家的基本探讨主要以事情为主,这种马拉松会议的目的只有一个，就是把事情探讨到清楚或较为清楚为止。这样的决策必然相对会慢一些，但各种情况的预见性和决策的成功率会高很多，这也是腾讯区别于其他公司的一个会议特点。

◎ 产品三元素：二八原则、生命周期、成长性

二八原则是腾讯内部对产品开发预估的一个重要准绳。今天人们所看到的腾讯，永远是那些成功的产品，例如 QQ、微信，而那些没成功的，比如游戏 QQ 秀、人海、滔滔、QQ 电台、QQ 侠盗……是否还有人记得？腾讯内部做产品的高管曾笑言：10 多年前到现在，有一大堆失败的教训，成功的经验太少。

但是，试问哪家公司又能保证自己所推出的每个产品都能成功呢？如今人们看到的每一个成功的公司，背后都有着无数的失败经验在支撑着。因此在腾讯内部，所有的资深高管都认为，年轻的产品经理首先需要具备的，就是一个健康的心态，在产品创意方面不要畏首畏尾，大胆尝试，只要甄别把握好用户需求，体现产品的用户价值，失败也无妨。

相较于 PC 时代，移动互联网时代的发展速度更快，原来在 PC 时代有较大优势的公司，目前都在不断往移动端投入更多的资源。而这些投入真正能够成功的，最多也只占整体的 20%，除此外的 80%，都会被划入失败的那一类。

这个失败比例在腾讯身上也同样适用。这 10 多年来，腾讯推出的产品可谓不计其数，类似朋友网、QQ 圈子、水印相机，甚至是当初轰动全国的 QQ 农场等产品都可以说是成功的，但还有更多类似 QQ 电台、人海等产品在刚开始便不幸地“泯然众人”。同时因为产品生命周期的原因，那些所谓的成功产品，也不是能够一直这么成功下去的，在周期过后，用户很快就会疲倦。记得 QQ 农场早期大火的时候，甚

至有人用 QQ 农场来教小朋友认识蔬菜瓜果，但在产品生命周期的末端，相关的产品策划开始变得越来越奇葩，农作物已经不知道种什么了，农场里甚至可以长出象棋和大象，这无疑已经背离了当初 QQ 农场的初衷。

因此，对于做产品，吴霄光认为，做产品的人千万别为了做而做，还要尽量避免去臆想一些伪需求。当然，产品一般都有长线和短线之分，以腾讯为例，类似 QQ 农场、QQ 圈了等创意都是短线产品，而 QQ 和微信则是用来支持长期战略发展的。

◎ 深挖优秀高校毕业生，建立原生人才班子

据腾讯电商控股公司 CEO 吴霄光透露，在 2004 年之前，腾讯的人才来源很大程度上靠华为。华为在 1998 年开始大发展之后，每年都会招将近一万人到深圳，而深圳本身只有深圳大学一个学校属于高等名校，那时候，华为几乎把绝大多数中国最优秀的大学毕业生都招了进去。

“在 2000 年互联网开始大发展的时候，我们开始扫华为的人，华为培育的人才在腾讯发展的第一阶段起到了非常大的帮助。他们所培养的人才在管理和技术方面是非常优秀的。从某种程度来说，腾讯第一阶段的发展很大程度上受到了华为的影响。”

2004 年以后，腾讯开始培养自己的人才梯队，这段时间，腾讯花费了大量的精力去招聘毕业生，建立内部人才体系，这为腾讯后期的组织架构打下了非常重要的基础。

从 2004 年开始，腾讯每年都会去招聘中国最优秀的 985 高校毕业生。对此，吴霄光等高层管理者认为，相对那些已经有了工作经验的优秀人才，招聘顶尖名校毕业生有一个好处，就是这些优秀毕业生本身就是值得培养的优秀人才，当这样的人成长起来后，立马就能成为公司骨干，而其他公司中的优秀人才在成熟之后，再想挖过来，其耗费的成本与心力都是非常高的。

类似腾讯、华为、阿里巴巴这样的公司，之所以每年招聘都会着眼于国内的顶尖高校，就是因为这些高校的优秀毕业生是最容易获取的人才资源，经过培养后，就会成为一个公司原生的人才班子，而这样的人才班子才是一个公司组织结构中真正的中流砥柱。

同时，在管理人才培养之外，腾讯同样为技术型人才开辟了上升通道。技术型人才同样需要成长和上升通道，但这类人才与管理型人才不同，无法随着成长而获得相应的管理职位，那么对于这类人才的成长激励就是——加薪。技术的成长跟薪酬与长期发展挂钩，虽然不能去当官（很多人其实也不愿意当官，尤其是技术人员），但是技术人员的工资怎么涨，有什么依据，能力是用什么来评判的？这些在腾讯内部十分明确。

最后，企业在人才之上应该关注什么呢？中国有句老话堪称至理——铁打的营盘流水的兵，这句话在当下的企业管理中同样适用。所谓营盘，就是制度、流程、文化，是一切构成环境的客观要素，当这些要素齐备后，人才流动就不会成为企业发展的隐患了。一如在一次内部高管会议上马化腾曾就腾讯内部的人才机制说过的那样：“未来 **5 年，腾讯最大的挑战就是执行力。腾讯必须通过完整的指标体系和**

组织架构来保证压力的传导，通过严格考核和末位淘汰制留住好的人才，这些东西才能把腾讯打造成一个不依赖个人精英，而是依靠体制化动力的成熟体系。”

规则——规则就是用来杀人的

马云：企业要打造铁军，必须设立“高压线”，触者即死

提起阿里巴巴，除了马云之外，说到最多的便是彭蕾、戴姆、蒋芳、孙彤宇等大名鼎鼎的“十八罗汉”，但很少有人知道，无论是阿里老而弥坚的“十八罗汉”，还是类似干嘉伟（美团·大众点评原到店餐饮事业群总裁）、程维（滴滴出行创始人兼 CEO）、吕广渝（前阿里巴巴集团副总裁、安居客集团 COO）、张强（阿里影业联席总裁）这些在互联网中叱咤风云的后起之秀，他们其实都出自同一个队伍——阿里铁军。

这支成立于 2000 年 10 月的队伍，曾在早期和阿里巴巴联手并进，为一个千亿级的集团打下深厚的企业基础，帮助阿里巴巴熬过世纪之交的互联网寒冬。在之后的 10 余年里，这支队伍的成员分布在互联网领域各处，成为当今中国互联网经济的中流砥柱，同时也成为阿里影响中国乃至世界互联网版图的中心支点。

◎ 让企业文化从“横幅”和“标语”上落地

2000 年，阿里成立了一支名为“中国供应商”的直销团队，团队成员在 30 人上下，实难称大。但与其他小微型团队不同的是，在这个

团队里，每一个新进成员都要接受一项名为“百年大计”的新生培训计划。在这个计划里，新员工除了要接受销售技能的培训之外，更重要的是还要进行文化价值观与产品知识的培训和学习。

这个计划当时在圈内反应并不算强烈，外界对此更多的是采取一种观望与不信任的姿态。因为对直销团队来说，“新”不如“老”是行业共识。毕竟那些有销售经验和手中掌握客户的员工上手便能干活，盈利能力较之新人不可同日而语。所以与其花费大功夫来教育员工怎么去“做个好人”，还不如与员工达成默契，争取短期变现才是正理。

但马云对此却不以为然，他强调“企业文化第一，价值观第一，然后才是能力”。对于那些有经验有资源的销售员，马云认为“这些人可以带来客户，也可以带走客户，如果他不能接受阿里巴巴的价值观，不能和阿里巴巴的团队成员互相配合，即便他能带来 100 万元的销售收入，阿里巴巴也不要”。

作为阿里巴巴的首个自行设计的培训体系，也是阿里第一个“放长线”的企业战略规划。阿里高层对“百年大计”可谓投入了全部精力放手一搏，在师资力量上，马云和关明生主讲公司使命、方向和价值观；彭蕾主讲公司发展历史；孙彤宇和李旭晖主讲销售技巧；此外，阿里现任首席运营官李琪以及阿里巴巴集团总裁金建杭在当时也都参加了讲课。如果说放长线的意义和受益关键取决于前期投入的规模和力度的话，那么当时的阿里巴巴可谓以身为饵，将自己所拥有的一切都扎进了水池，只为寻求一份“遥遥无期”的战略回报。

当然，马云之所以为马云，他“离经叛道”与“落子无悔”的性格本身就是其成功的一大关键，而让他能够统御这两大特征，并借此收获成功的，就在于在这两大特性之上，其所拥有的“生态”大局观与“双赢”价值观。在阿里巴巴的销售培训课堂上，马云说：“我们要求销售人员出去时不要盯着客户口袋里的5元钱，你们负责帮客户把口袋里的5元钱变成50元钱，然后再从中拿出5元钱。因为如果客户只有5元钱，做销售的把钱拿来，客户可能也就完了，然后你只能再去找新的客户，这种循环模式不是销售，而是骗钱，在阿里，帮助客户成功是每一个销售人员的重要使命。”

这番话在当下这个倡导“生态圈”和“跨界发展”的互联网行业中早已不算新概念。但当时间推移至10年前，在那个短视与狼性为主导的混乱环境下，马云这番话便有些太过超前了。以至于在绝大多数“同行”看来，这无非就是纸上谈兵式的夸夸其谈。换句话说，这种类似于官方宣言般的“伟光正”口号说说可以，但如果真正切实执行就无异于取死之道。做生意的人，理想与现实、正义与邪恶、双赢和争夺从来都是尖锐对立的存在，理想只能是装点门面的标牌，何曾成为过生意人的立身之本？但马云却依然遵循着这番话发起了行动，同许多怀抱理想的伟大企业家一样，他首先做的，就是确立自己的理想，然后将其具化为一个个明确的价值观。

2001年，马云、关明生、彭岱、金建杭、吴炯5个人一起聚在办公室，提炼阿里巴巴最核心、最不能丢的东西——目标、使命和价值观。当天，大家把创业的所有感受、教训、血泪都写在纸上，贴了整整一面墙。然后他们从100多条中筛选出了20多条，最后精简到9条，这9条是：创新、激情、开放、教学相长、群策群力、质量、专注、服务第一、简易。对于这9条价值观的重要性，之后马云有着这样的评价：

"没有这9条，我们活不下来。有的公司企业文化是尔虞我诈，搞办公室政治。我告诉新来的同事，谁违背这9条，立即走人，没有别的话说。只有在这种环境下，我们才能拥有良好的工作气氛。"

阿里巴巴文化的建设从形成到固化，用了整整两年的时间。2004年8月，邓康明刚刚来到阿里巴巴，出任阿里巴巴集团副总裁，负责人力资源管理。那时，阿里巴巴已经从18人的创业团队变成300多人的跨国公司。在邓康明的建议下，阿里巴巴将原本的9大价值观简化为6条，即客户第一、团队合作、拥抱变化、诚信、激情、敬业。

阿里巴巴的价值观并不只存在于口头上，更纳入了考核体系，在阿里巴巴的考核中，价值观与业绩的比重各占50%。在马云眼中，一个企业的企业文化必须是考核出来的，如果企业文化只是一种挂在墙上和嘴上的口号，而在实际中谁也不知道怎么去考核的话，那这个文化就是瞎扯。在阿里巴巴，每年员工的年终奖、晋升都要和价值观挂钩，如果一名员工业绩虽好，但价值观不行，员工就不会获得晋升之途，同样，哪怕一个员工对公司表现出了足够的忠诚与热爱，但始终没有做到他应有的业绩，这类"好人"在团队里也无法久留。

很多创业团队在起步之时总是会在"能人"与"好人"之间不断取舍，但始终无法避免地出现各种大大小小的"人祸"。而这种"人祸"的出现，其根源，并非在人，而在于一个企业并没有将它所倡导的文化真正普及到员工心中。优秀的企业文化是帮助员工成为一个"有能力的好人"，就像道理谁都懂但做到却很难一样，一旦企业文化从"横幅"和"标语"上落地，成为一种深入人心的价值观后，员工便会自发地做出改变，届时，"有能力的好人"自然便会出现，一个生机勃勃并充满战斗力的团队便会应运而生。

◎ 在团队内部划定“高压线”，触碰者死

“高压线”是铁军文化的一个重要组成部分。可以说，没有“高压线”，就不可能有令行禁止的阿里铁军。“高压线”的最早提出，是在2001年至2002年之间，也就是铁军刚刚创建、“百年大计”开始实施不久时。

所谓“高压线”，也是一个形象的比喻，简单说就是“不能触碰，触碰则死”。触碰了“高压线”可以是辞职，也可以是劝退、开除，但想继续留在铁军，很难。对于“高压线”，铁军有一套很知名的“破窗理论”，意指发现细小“犯罪”迹象时要及时制止，换句话说就是，一旦有裂缝就去弥补，别等窗户破了再亡羊补牢。“破窗理论”的底线是：规定不行的绝不逾越一丝一毫，人们必须从细小的违规开始关注，细小的违规管理好了，大的事情才不会触犯。

阿里巴巴的铁军向来以执行力强而闻名，其中一个重要表现就是“区域经理以上层级的管理人员全国范围内调动，指哪打哪”。因此区域销售主管和经理的调动极为频繁，少则几月，多则一年，平均半年调动一次。这种方式使得阿里巴巴的销售骨干一直处在一种从零做起的状态。

这从传统的销售人员角度来看无疑是极为不利的。兢兢业业地做事，扩展人脉，积攒资源，好不容易才打下一块“地盘”，客户有了，人脉有了，资源有了，队伍有了，但一道调令，你便要从原本的舒适

区换到另一个陌生的地方去，一切从头开始。这种情况放在任何其他销售公司估计都会造成大规模的人才流失。但在阿里巴巴，却没有任何人有丝毫怨言，这就是文化的力量。之所以要进行频繁的调动，一方面是避免一个区域主管在一个地方做得太久而放松心态导致出错的情况，另一方面，对阿里巴巴而言，“轮调”制度更多的是为了培养和锻炼管理者。全国范围的区域调动必然会让销售人员频繁面对不同的挑战，而线下业务的特点就是没有标准化，因地制宜。每个城市，每个区块的人、商业环境和业务的形态，本地化之后都有很多不一样的地方。而人的心理素质和应变能力其实就是在这样的不断调动中磨炼出来的。

在许多讲述阿里巴巴的书籍中都可以看见这样一则故事，这则故事很好地呈现了阿里巴巴终端销售员工的工作状态，笔者现将其转述如下：

谢德忠在2007年4月到武汉开发市场的时候，老婆已经怀孕4个多月，大儿子是8月5日在武汉出生的。8月29日，谢德忠接到公司电话，要把他调回福州处理一个重要事件，9月1日上岗。那时候，谢德忠妻子月子没过完，还躺在床上。这么多年，每次调动，谢德忠都是“一部车带着老婆和娃”，所有家当就在车里面。谢德忠的大儿子在3个地方读的幼儿园：江西读的小班，广西读中班，在湖北读大班。家人随军“南征北战”的日子非常辛苦，但谢德忠认为这就是阿里一个非常独特的文化特色。

很多公司的一个管理层调动，下面的人全部会换一遍。但阿里的员工不一样，阿里员工去全国任何一个团队，都会发现团队的味道是一样的。管理者调动只会带来不同的管理风格，带来新经验、新方法，文化方面不需要更多的适应过程。正是这种有意识的调动，才让这个团队活力十足，管理者本身也会有很大的收获。而与之相反的其他企业里，那些固定在一个位置上的员工，却很少会有供职两年以上的情况出现。换言之，活水不腐，世界上绝大部分人并不愿意日复一日地待在舒适区里腐朽老化，而一旦有一个点能激发出他的内在能动性，那么这种“折腾”与“磨难”，恰恰会是他对一份工作抱有长期热情的根本。

◎ 分享是销售最好的学习方式，也是最有助于团队成长的方式

阿里巴巴的铁军销售与其他公司销售的区别，还在于他们更加依靠团队和组织的力量。从销售与客户的初步接洽到签订合同、回款，阿里将整个销售过程划分成十分精细的流程，销售人员只需按步骤操作即可。

首先，阿里 CRM(客户关系管理）系统将线索池中的销售线索分给销售后，若特定时间内销售并未跟进，线索则会被收回并分配给其他同事。这无形之中给一线销售施加了压力。拿到线索后，必须尽快跟进，要么转换为客户，要么关掉销售线索。其次，为保证线索分配的合理性，管理层每天通过 CRM 为每个销售人员分得 30 至 50 个客户。若销售人员认为某条销售线索有更高的成单概率，便可放进自己的“个人池”，但同时需要从自己的“客户私池”里退回相应数量的客户线索。

这样做一方面可以让销售人员集中精力到所分配的客户身上，集中攻破最可能成单的潜在客户，提高成单概率，另一方面则使得没有

任何资源积累的销售新人能从销售线索池中提取线索，杜绝“销售大侠”大包大揽，而新人销售无处着手的现象。“7 点钟”创始人兼 CEO 朱磊曾在 2004 年入职阿里巴巴，曾担任阿里巴巴深圳分公司、阿里巴巴北京分公司总经理。他是这样描述当时铁军销售的日常工作状态的：

我们的员工一般是 8 点钟到公司或者办事处，把客户资料打印出来，排好当天路线。到 9 点钟，在别人刚刚到公司上班、泡一杯茶的时候，我们的员工已经把所有的东西都准备好出发了。中供销售的工作在上午 9 点到下午 6 点间是与办公室无关的，都用来拜访客户。

午饭时间，在城市市场还好，在一些偏远的市场，比如永康这种地方，有很多工厂企业就在田间，所以每个人包里就背着矿泉水，带着面包，以防那儿没有吃饭的地方。有的时候可能在饭馆里面稍微坐一会儿，眯一会儿，下午继续拜访。晚上 6 点回到公司，团队凑到一起分享：白天遇到一些什么类型的客户？什么样的客户有怎样的反馈意见？怎么样处理比较好？大家交流学习，再一起团建，比如说一起吃晚饭，之后再写日报，把东西写出来，录入系统。然后再开始收集第二天要用的客户资料，基本上到晚上 10 点才会结束。之后，很多员工带着电脑回家，洗完澡，躺在床上，再收集一点资料，打算第二天尽可能多拜访几家。这就是一整天。

阿里巴巴的崛起在中国乃至世界商业领域都是一个令人瞩目的奇迹，但归根结底，任何看似偶发的奇迹，背后都蕴含着推动它发生的必然性因素。我们无法否认阿里巴巴成功所依靠的机遇与环境，但当抛开那些无法复制的客观因素之后，我们会发现，那些真正值得我们学习并能够复制的东西其实也很明确。比如如何让企业文化落地，如何用价值观来打造铁军，从最初的“9条法则”里的教学相长和群策群力，再后来精简“6条法则”中的客户第一、团队精神和诚信等，所有这些都是销售团队的灵魂。和同事配合，讲究团队精神，老帮新，经验、资源分享，对同事坦诚，对客户诚信这些已经成为铁军的传统，企业价值观在贯彻实施后对一个企业的成长和战斗力的影响，由此也可见一斑。

管理——最高级的管理是激发人的渴望

周鸿祎：企业中绝大多数让你焦虑的问题，都是人的问题

在 360 创始人周鸿祎眼里，"铁打的营盘流水的兵"这个概念用在企业管理上显得有些偏颇，因为这句话把营盘和兵的关系完全定义在了一种单纯的雇佣关系上。对一个创业团队来讲，如果每个员工仅仅把自己做的事情当作一份工作，或者是一种解决财务问题的工具，那么这个营盘就谈不上是铁打的，只是纸糊的。在周鸿祎看来，一个公司最宝贵的资产不是什么宏大的理念与规划，而是人，人才是决定事业成败的关键因素。

◎ 企业中绝大多数让你焦虑的问题，都是人的问题

当问到有关初创企业的管理问题时，周鸿祎这样答道："我认为企业在创立之初，所谓的管理其实是多余的，很多创业者总是幻想着有一本有关管理捷径的'制度大全'，拿到这个秘籍到公司一用就能使公司管理变得有条有理，这其实不现实。"

当下创投圈有许多聪明的创业者在企业起步之前就开始了系统的学习管理，在学习过程中他们发现，许多企业管理的书写得很有道理，读起来也是心有所感，但在放下书本进入实际的时候，却怎么都用不

起来。周鸿祎说这种情况就是“理想与现实的矛盾”的典型。

每个企业都有着属于这个企业的文化特征，每个人也有着不同的能力范围。周鸿祎坦言自己最擅长的就是管理创业初期的公司（一两百人），所以，对于处于这个阶段的创业者，周鸿祎给了一个建议——想用人，先学会琢磨人性。

周鸿祎说过去自己属于低情商不爱琢磨人性的“理性男”。他最相信的就是乔布斯关于A级人才的说法：“A级人才是不怕挑战的，你甚至可以不用考虑对方的自尊心。”但在经历了种种事件之后，现实告诉了周鸿祎一个道理——有很多人，你骂他骂得狠只会把他给骂蔫了，还有的人，你挑战太厉害了，他就恨上你了。

另外，在找人方面，周鸿祎特别提到了，找聪明人是创业者的共同想法。但实际上很少有人考虑到合适度的问题，很多时候，三个聪明的总司令，可能还不如一个愚蠢的总司令好。

◎ 企业在对抗中成长才能收获战斗力

“我们现在老谈一个人的智力、一个人的情商、一个人的才华，但是实际上国外还有个说法叫勇商，就是勇气。我认为勇气这个东西非常非常重要，它是领导力的核心。”

为什么要谈勇气？周鸿祎有他的一番理解。领导力这个概念最早产生于军队，而当这个概念被代入企业管理领域后，其本质其实并没有发生改变。周鸿祎说自己最喜欢的两部电影分别是《兄弟连》和《拯救大兵瑞恩》。周鸿祎认为《兄弟连》这部片子是值得企业家们反复去看的，因为《兄弟连》里面的组织架构与一个初创公司十分相近，所谓连长，其实就是 CEO，管的就是一个连的 100 多人（一个初创公司其实也就是这么多人）。换句话说，每一个创业者在创业初期首先要想的，不是怎么去当司令或者军长，而是要先琢磨怎么去做好一个连长。

自古以来商场如战场，周鸿祎则认为中国互联网简直就是丛林战场，其残酷诡谲远超人们想象，如果不能从军事作风中学到领导力的真意，那么所谓企业的竞争力其本质上就是无根浮萍。

“我喜欢攀岩和射击，几年前我在北京弄了 500 亩山地建了一个训练营，这玩意儿从卫星上看跟个恐怖分子的训练基地似的。”

说起这个训练营，周鸿祎脸上不无自豪，他说训练营中最多的时候有 20 多个像许三多那样的战士，都是从全国几大军区特种部队退役的。目的就是安排企业员工在里面跟这些士兵进行对抗训练，而所有新进公司的员工或者要投资的公司，周鸿祎都会带他们到那里去看看。

“有的人喜欢在牌桌、酒桌上看人性，而我喜欢在训练中看人性，因为真正的创业者是不怕困难的，我就是要看一个团队在高压情况下还能不能保持一种亮剑精神，说白了就是那种嗷嗷叫的狼仔精神。”

在企业文化方面，周鸿祎的主张就是简单的 6 个字——“拿起枪，战场见”，之外，什么“团队协作”“不怕困难”在他看来都不过是口号和空谈。

在这些年的创业历程里，周鸿祎遇见过很多人，也见识过很多优秀的创业者，他发现这些优秀的创业者虽然有男有女，性格也各有不同，很多 CEO 甚至直言自己不喜欢暴力。但是，他们骨子里却有一个共同的特点，就是一旦拿枪就没有服输的，不干翻几个敌人绝不下场。

当下很多创业者说要学习美国公司的文化，但周鸿祎认为，许多人所想的美国企业的 Happy（快乐）文化其实是种假象。以曾经的雅虎为例，原来的雅虎很民主，整个公司的决策只要有一个员工不同意，事情就没法推进，但这种讨好每个人的想法注定会导致公司管理层丧失领导力（事实上雅虎后来的一系列衰落都跟领导力问题有很大关系）。

◎ 创业者要克服三个致命的老问题

一、盲目树立品牌，忽略用户体验

周鸿祎认为，一个公司不在用户体验上下功夫，而一味按照之前的方法来建立所谓品牌，本质上就是一种极端错误的思路。换句话说，不注重产品质量，而只想着如何在电视台投重金打广告、做标王，最后建立起来的只能是一个没有根基的空中楼阁，就像曾经的三鹿奶粉，一个三聚氰胺事件就把企业这些年来树立的品牌瓦解得一干二净。

当然，对此很多创业者也有着不同意见，就像我们打开各种搜索页面去搜 360 的时候，前三页不是广告宣传，就是 360 公司自己发的软文。周鸿祎则认为，中国有句老话叫“光说不练假把式，光练不说傻把式”，一个企业的发展必然是品牌与用户体验双线并行的。

二、大而不当，眼高手低

不要动不动就把一个东西放到所谓的行业高度来讨论，脚踏实地才最关键。当下许多企业在构造商业模式的时候，很喜欢从行业高度来做说明。比如，中国医疗产业未来有多大、中国未来的教育产业有多大，中国有多少用户，等等。周鸿祎觉得如果把时间调回到10年前，把这些东西写到计划书里是非常流行的，但现在这套已经行不通了。一个真正的VC（Venture Capital，风险投资人）看到这些的时候第一时间会问："这跟你有什么关系？"回答不了这个问题，你把行业吹得再天花乱坠都是白搭。

踏踏实实做事，真真正正地解决问题，实实在在地告诉投资方，我解决了什么问题，找到了什么需求点，我做的这个东西究竟能满足怎样的需求或者解决怎样的问题，把这些东西说清楚了，大家自然就心知肚明，融资也就变得简单起来。

三、找不到可持续的发展模式，一味投机取巧

为什么要建立商业模式？就是为了避免让公司成为一个机会型企业。周鸿祎见过很多公司，哪怕已经发展到相当的规模，但他们依然没有一个可持续的发展模式，所以只能不断地找各种各样的项目和机会。周鸿祎认为这种情况是很可怕的，因为即使你挣了几千万，但也永远不知道下一个一块钱在哪儿。反观那些比较伟大的公司，都一定有一个可持续发展的模式，所以企业一定要建立一个稳定可持续的商业模式。

同时创业者还要注意，一个企业的商业模式往往是复合式的，不是说商业模式就得是挣钱模式，如果企业形成了一个可持续发展的模式，就会像今天的百度、Google一样，什么都不做，闭着眼睛都在挣钱。

◎ 如何形成企业的可持续发展模式？

如何形成一个可持续的发展模式？周鸿祎认为有三点非常重要，第一是寻找用户痛点，打造有效产品；第二是用户模式；第三是收入模式。

一、寻找用户痛点，打造有效产品

就像当初，360 之所以能做成就是因为在流氓软件泛滥，用户为此不胜其烦的时候，360 的出现很好地解决了这个问题。所以每个公司的存在，一定是解决了某个问题，这个问题在没有解决之前给用户和市场带来一些痛点，这个痛点可能是“贵”，也可能是“不方便”。但只要解决了这个痛点，这个产品就自然会形成市场。

总的来说，周鸿祎认为，产品就像每个企业的 DNA 一样，一旦 DNA 对了，团队可能会成长得慢一点儿，但终究会成长起来。但如果 DNA 不对就很危险了，因为产品决定了一个公司成长的合理性。

当下，还有很多人不知道自己的产品打出去后，究竟是推广在起作用还是用户体验在起作用，对此，周鸿祎推荐了一个简单的验证方法，就是把推广停一停。看看停下来后产品的增长量会不会“呱嗒”一下掉下来。

其次，周鸿祎认为人脉资源是创业过程中的一大重要资源，很多人都用这种方式淘到了第一桶金。但拥有这些资源的创业者也要看到，当你打算正儿八经做企业的时候，单纯依靠人脉资源是不行的，因为人脉资源无法帮助你的产品解决用户痛点问题，做不到这一点，再深厚的人脉资源也无法支撑一个企业持久的良性运营。

二、如何从用户的角度考虑问题

企业要从用户角度思考问题，这是许多人都明白的道理，但能做到的却少之又少，因为这是开发者与使用者的环境差异所带来的客观局限。

周鸿祎打了一个比方：大的电信公司为什么改进不了服务？因为电信公司老大的手机都是手下人给配的，他从来不担忧交手机费的问题，永远体验不到用套餐的人的痛苦，也不知道怎么交手机费更方便，所以根本不会想到改进。

同理，周鸿祎说自己在公司里也是体会不了用户的感受的，因为他身处一个技术公司，电脑里的软件都是准备好了的，这种环境与用户的实际使用环境差别太大。因此，周鸿祎在出差或开会的时候只要碰到别人的电脑，就一定会在电脑里装360。每次装完一台电脑，大概都会记满满一张纸，然后回去跟员工开会。

“当然，我没空整天给人装电脑，所以我锻炼了一种技能，就是每当我去用软件、看软件的时候，不自觉的人格就发生变化了，变成了一个什么都不懂，对机器很没有耐心的人，很多产品到我这儿三天两天就死机了。技术人员和我说：‘周总你怎么能这么用呢？’我说：‘用户就这么用的，以前还有用户把CD的托盘当茶托呢。’”

另外，周鸿祎还提醒到，在体验方面虽然不能不听用户的，但也不能全听用户的。每个企业都有一些粉丝用户，这些粉丝用户忠实于你的产品，热爱你的企业，天天在论坛上跟你提应该做这个做那个，这时候你一方面要为绝大多数用户找共性需求，另一方面，你听这些话的时候也要给自己的耳朵加上一层过滤网。

三、先解决问题，别急着挣大钱

除了广为人知的360，周鸿祎在国内还投了很多成功的公司，典型的比如“迅雷”与“酷狗”，这些公司刚开始都是没有VC投的。并不是说这些公司不好，而是太多的VC在这些公司创立之初就在琢磨着他们未来要怎么挣钱，其实这些问题一时半会儿很难弄明白。就像一个孩子刚生出来，你说他长大是当宇航员还是当科学家呢？这是无解的。

所以，只有当解决问题的效果出来了，产品迅速铺开了，在用户基础之上再来谈商业模式才是更合理的。有用户基础的产品想做什么都是可以的，如果根本没有用户基础，却要做一系列增值服务，无异于空中楼阁。

◎ 所谓“颠覆式创新”，都是马后炮

“现在大家还是很喜欢谈颠覆式创新，我也一直在揣摩，因为每个人都梦想在自己的行业里把老大给颠覆掉。但真正的颠覆并不是要你一上来就把巨头给干翻，这是对颠覆的一个误解。”

关于颠覆式创新，周鸿祎有这样一番理解——**真正的颠覆式创新在刚出来的时候都是微创新，能够把握的，只是别人不曾在意的一个细节。**说白了，颠覆式创新其实就是马后炮，每个颠覆式创新在刚开

始的时候，几乎没人知道它是颠覆式创新，如果创业者一心想着上场就要去颠覆谁，那这事很可能会以失败告终，因为你的动作太大，吸引的注意力太多。

如今这个时代，所有人都知道差异化竞争的重要性，所以每个人都在试图找一个蓝海，在别人没有涉足过的领域捷足先登。周鸿祎却觉得，与其苦苦寻找蓝海，还不如脚踏实地地在红海中创造一个市场出来。就像360刚出来的时候，对自己的定义并不是杀毒软件（其时，市场上的杀毒软件早已产生），而叫“杀流氓软件”，慢慢的，360开始定位为“杀木马软件”，再后来，叫“杀毒伴侣”。换言之，360在很长一段时间里，都将自己定位在杀毒的辅助软件上，而不是一出来就张牙舞爪地要干掉原本的杀毒软件巨头。

周鸿祎认为，所谓颠覆性的伟大公司必然是一步步积累出来的，期望着凭借某个产品就能跟巨头们一较高下这种想法则未免太过浮躁。我们不能看着人家在吃第七个馒头，就天天琢磨这第七个馒头是怎么做的，而这，恰恰就是当下中国许多初创公司的通病。

至于所谓做产品的经验也是这样，互联网行业有句老话叫“不忘初心，从用户出发”。但是知易行难，这句话翻来覆去地讲，听多了也就没有什么效果了。但归根结底多数人只要想明白一件事，你在这句话的践行上就会充满动力，这个问题就是：你所焦虑的那些问题，究竟是客观环境的问题，还是你的用户、你的员工或是你自身的问题？我们常说，每一个成功的企业家，都是功力深厚的人性大师，关键就在于他们是否想清楚了这个问题。

CHAPTER

07

信息：信息战争决定未来

用情怀与颜值赋能，所有的生意都值得再做一遍

信息——信息是未来最大的战略资源

毛大庆：创业关键在于先人一步，造风者生，追风者死

许多创投圈的老人都在说，当下正是中国创业者们的黄金时代，各种创业机会层出不穷，国内几乎每天都能诞生上千个创业点。而身处这个“黄金时代”中，很多创业者在创业初始阶段的痛苦就是都会经历“选方向”的痛苦，创业机会多如“弱水三千”，但人在岸边持瓢，究竟该取哪瓢饮呢？

就像现代人的生活中有许多苦恼一样，要在无限的资讯和概率中找到一个稳定明确的选择，其实是个十分煎熬的过程。毕竟，第一次的选择就像一颗种子，在播下之后就意味着一个既定的方向，日后的产品、服务人群定位、问题和相关竞争者的认知，团队和战术战略选择，都要基于这个种子去生发，而恰恰是如此关键的第一步，多数创业者却往往选择了忽视或潦草择之，以至于大多数人在迈出第一步的时候就为自己日后的失败埋下了雷，至死也是不明不白。

◎“风口”是个陷阱，追之者死

前几年雷军在一次“移动互联网”的讨论会上提出了“飞猪理论”，意指站在风口上，猪都能起飞，至此“飞猪理论”成了创投圈的一个

流行话题。一旦某个模式刚刚火起来被炒热，铺天盖地的宣传中前途一片光明，便会出现大批创业者，招朋呼友满怀热血激情地撸袖子开干，高峰期的时候，可能某个领域在一个月内就会涌进几十家创业公司。

其实，之前一直作为创投圈的潜在风向标存在的“飞猪理论”并不是雷总的原创，只是雷总在归纳点明后，追风口变成了许多人做创投的一个明确捷径。

因为风口是现成的，种种投资前景和市场需求都已明确，人们要做的，就是在当中埋头往前冲。但是，这些年追风口的结果却又证明了另一个残酷的现实——追风口本质上是一场持久而残酷的淘汰赛，在这个过程中，绝大多数人都成了陪跑的炮灰。

一条捷径上横尸百万，这是什么情况？是“追风口”这个方向错了，还是绝大多数人用错了方法，以致捷径成了一个被千军万马挤爆的独木桥？要回答问题，先要从以下几个方面人手。

一、风口是怎么来的

风口不是大风刮来的，它源于需求。简而言之，几个“慧眼识珠”的人通过对社会趋势、用户需求的发觉，看到了痛点所在，并找到了解决痛点的方案，于是开始率先领跑。在这个过程中，市场反馈的效果与公司发展的速度让资本嗅到味道，便开始下注加持，这样一来，一个有着“广阔市场”和巨大“发展潜力”的“风口种子”便应运而生，随后，便是一大拨新型创业公司和各路资本的竞相追逐，最后“新风口”冉冉升起。这就是一个风口诞生的来龙去脉。

二、追风口者死，造风口者生

中国文化博大精深，很多时候对一个字的细琢磨便能发现许多根本性的问题。就像“追风口”的“追”字，可以说是一字定生死。从上一个问题中我们已经知道，风口是人为创造的产物，而在“追风口”的过程中，人们与其说是在追风口，不如说是在追逐着最初创立“风口”的那一小撮人（就是我们常说的“独角兽”）。这一撮人领先于起跑线，有着巨大的先手优势和资源经验，他们是不追风口的，因为是他们带来了风。

那么他们在研究什么呢？他们在专注研究用户需求，研究市场趋势，力求做出准确的判断，在后来者还在寻找产品切入点的时候，他们已经在研究如何对产品进行进一步完善。所谓一步先，步步先，从利润分配的角度来看，带来风的这帮人占据了绝大部分红利，而在后面追的那帮人就只能苦哈哈期望着前者能从嘴边漏下一点儿汤，同时因为后者的存在，这个风口也变得愈发壮观，投资前景愈发光明，资本便愈发涌入。后来者无形中成了前者的一个资源输送渠道，资本因为风口而将资金注入头部那一小撮人中，而追风口的人最后便不可避免地成了炮灰。

一个很明显的例子，从滴滴、小红书、映客，到饿了么、ofo（小黄车），这些市面上价值百亿美金的独角兽，看看他们的成长历史就会发现，他们当中没一个是靠“追风口”获得的成功，而无一不是带来风的人。在最早的时候，他们的想法甚至不被人认可，但经过自身的努力，他们成了引领一个新领域崛起的“造风人”。

最后，创业者们必须明白一个道理，任何被发掘出来呈现在世人面前的路，本质上都是一片红海，红海无捷径，你只能做好死战的准备，别做“追风”的猪，猪是给人吃的。

◎ 选择比努力更重要

“创业要大胆试错”，这也是创投圈里流行的一个观点。短短 7 个字说得豪气干云，但背后却有太多因为陌生而彻底摔倒在坑里的案例。

很多创业者在创业之前或多或少都积累过一些行业相关的经验和资源。可一旦辞职准备创业，这时人就跟要出家了似的，跟过去种种彻底告别，辛苦数年积累的人脉资源一朝尽断，然后义无反顾地投身到一个自己完全不熟悉的领域，抱着创业就要大胆试错的想法去重新开拓。

这种精神的确是好的，但很多时候我们会发现，这种断绝过去、迈步未来的精神换来的，往往是一种时间和精力的双重浪费，导致最后一事无成。这种情况经常会出现在一些青年创业者和一些对过去工作极度不满的人身上。

前者更多的是“初生牛犊不怕虎”，在找方向时陌生领域的神秘感和与之伴随的兴趣刺激着创业者的荷尔蒙，于是他们开始“大胆试错”。等到该犯的错都犯了，该蹚的坑也都蹚了后，回过头可能才惊讶地发现，自己原来工作的领域竟然跑出了一两家明星级的创业公司。而后者则更类似一场豪赌，放弃原本平淡安稳的生活，去到一个陌生的领域为自己的人生做另一番规划。

这种“冒险精神”有利也有弊，利处在于，外行经验有时或许能帮助创业者们更加全面独立地看到这个领域存在的机会，另辟蹊径地去探索。但弊处则在于，你更可能会不符合实际，从头到尾整个过程都大错特错。这就是外行创业比内行创业要困难的原因。

许多创业者因为对之前熟悉的领域的长期浸润而导致热情的消磨，也因此很难跳脱原有思维框架的束缚，这是人们在选择创业后就不愿再跟过去有联系的原因。但从理性角度来看，**在熟悉的领域创业，经验往往能帮创业者避开深坑，做到事半功倍，而前期积累的行业人脉资源也可能会在某些关键节点上发挥重要作用。**

当下许多创业者都有着较高的综合素质，他们因为一些顾虑和对环境的观察不到位而遭遇了不少失败，有些公司甚至要经历三次甚至更多次的换方向后才能使公司发展步入正轨。所以，究竟是断绝从前，还是在原有基础上起步，都要求创业者有个先期认知——创业并不是一个适合“大众”的游戏，它有很高的风险，也有很高的机会成本，找一个自己喜欢的行业是正途，但绝不要凭感觉去做事。客观分析、审慎思考、独立判断，了解社会趋势、市场情况、竞争态势，分析用户需求、切入点、增长潜力、成本结构、盈利情况，综合评估这个领域是否适合自己发挥优势再去搏一把。要避免感性的冲动行为，不要等到失败了回头复盘时再去感慨“选择比努力更重要”。

未来——最好的投资是引领未来

IDG 资本：用情怀与颜值赋能，所有的生意都值得再做一遍

众所周知，IDG 资本喜欢投资消费类企业，过去投资了超过 100 家公司，其中已经产生了 10 多家上市公司，另有 20 多家也已成长为独角兽企业。而当问起“未来在消费领域的巨头公司将会如何诞生”这个问题时，IDG 资本全球董事长熊晓鸽表示：**“在消费领域创业，只要盯住一个事情——做品牌，并且把它当成时尚来做，就一定能成功。”**

从大消费领域层面来看，衣、食、住、行各个方面都值得创业者们去探讨和思考，而一旦把目标市场放眼到全球范围，巨头公司的诞生其实是一种大概率事件。而要在未来消费领域的红海中诞生一个商业巨头，关键在于把住未来消费领域发展的脉——新零售。

◎ 什么是新零售?

“新零售”这个概念自马云在 2016 年提出后便引发了广泛的社会讨论。针对这一概念，每个企业家都有着不同的解读。IDG 资本合伙人闫怡勝认为，所谓“新零售”，就是线上线下的全面融合。“我们要看到，线上线下的区别在于，线上有数字化，有对客户的精准数据分析和浏览路径的跟踪，有精准的消费者画像，但却缺少线上服务、体

验和售后社交场景。如果能够把线下线上打通，帮助线下提高消费者体验，提高商户效率，就能更好地满足消费者需求。”

物美集团 CEO 张斌则对新零售有着这样的分析：“零售行业经历了传统零售、线上零售到新零售融合的三大阶段。其中，线上零售又可以分成两个阶段——平台阶段和 B2C 阶段，而新零售实际上是线上线下融合的阶段。”

“米小菜”创始人余玲兵认为，新零售有两个层次：第一层是在供需之间如何做更好的衔接和匹配，第二层是消费场景的升级，是一种关系的升级，或者生活方式的升级。

而在 6 月 28 日的另一场会议“2017 商业新生态峰会——新零售时代”上，盒马鲜生总经理陈冬青根据新零售的特点是以消费者的角度出发，指出了新零售的两个内在指标：一个模式、一个商业的创新。新零售的实现至少要具备两个条件：解决商业痛点，为消费者创造新的增值服务。

总而言之，新零售的一个重要特点就是重新关注线下。IDG 资本执行总监孙宇含总结了从线上到线下的转变主要有几个诱因：

一、当下的流量成本基本趋同，在线上的渗透率、到达率基本饱和的情况下，线上出现一个很明显的集中趋势，绝大部分流量都掌握在头部公司手里。流量成本比较高，线下获客是比较便宜的，尤其是对特定的人群。

二、运营方面，比如生鲜品类，虽然消费频率很高，但是单次客单价很低，所以完全以线上方式很难同时获取规模和效率，所以结合线下资源是非常重要的方式。

三、体验方面，传统电商通常只能满足消费者对于商品层面的需求，对于体验式和服务式需求很难满足，这样的需求需要线下场景来满足。

同样，在研究零售发展情况的时候，孙宇含也发现了几个近几年零售行业很明显的趋势。首先便是餐饮化趋势，当下各个业态都在结合餐饮；其次，最近5年内有两个业态增速是最快的，一个是折扣店，一个是类似7-11的便利店，这两个业态都是小面积业态，经营面积在几百平方米，门店很小，但标准化程度非常高，具有非常强的规模扩大能力。这些门店在运营的时候基本上靠单纯的统一总部意志，门店端就是简单的复制，并且这些门店有非常强的变化性，可以随时调整，这种零售业态是相当具有互联网属性的零售业态。第三，大面积门店其实也有机会，核心在于体验化和差异化，然后通过一个相对复杂的运营去建立门槛。

◎ 新零售和消费升级的四个判断

首先，闫怡勝认为，包括阿里入股联华推出盒马鲜生，京东对便利店展开了一系列布局等，种种现象已经显示出了一个很明显的趋势——下一波新零售将由巨头驱动。

其次，闫怡勝认为未来价格驱动的时代已经结束了，未来大家一定是越来越看重品牌和品质，越来越愿意接受新品牌，他们非常愿意接受本土的品牌。现在市场上已有的品牌并不能很好地满足新生代的需求，新生代创业者会在未来10到20年创造一批全新的品牌，这批品牌会把原来的品牌替换掉，未来10年、20年中国会出现一批真正国际化，超过百亿美金市值的品牌。

第三，未来中国必然也会出现一批市值过百亿美金的、由消费驱动的服务公司。如果品牌是升级替换的话，服务的需求就更是从无到有。比如 IDG 投资的健身连锁、医疗美容连锁、白领公寓、联合办公，等等，这些需求在 5 年以前是没有或很少的，但是在过去几年需求迅速上涨，服务已经成为拉动中国消费增长的主要动力，去年占到整个消费增长的比例是 51%，消费者越来越多地从购买产品变为购买服务。

第四，移动设备的普及导致流量的碎片化带来了“重构一切”的发展趋势。消费者需求的小众化、个性化，对消费公司提出了全新的要求：要重构原来的逻辑系统、重构产品设计流程、重构供应链流程、重新思考营销方式、重构销售渠道等。因为整个消费者的消费逻辑决策都变了。

◎ 中产阶级群体的增加带来消费升级

IDG 资本全球董事长熊晓鸽表示，未来在消费领域一定会诞生巨头公司。“在消费的时代，说到底，我觉得你要成功的话，一定盯住一个事，不管是衣食住行的何种东西，一定要把品牌做好，品牌跟质量、服务、品位紧密相关，同时把品牌当时尚来做，我觉得你一定能成功。”这句话中，熊晓鸽透露了两个诀窍：

一、做品牌要专注，要有传承；

二、产品与品牌文化要与时尚结合。

“做品牌很重要的一点，就是苏芒所说的，要把品牌变成时尚。”

熊晓鸽说。打个简单的比方，实际上，美国的芭莎杂志是在走下坡路的，可是它在中国居然比其他的杂志都做得好，而且苏芒把这个品牌变成中国人人皆知的一个品牌。所以把品牌和时尚连起来，会有很大想象空间。“当然也要利用手机等新的手段，把它做成人人都知道的品牌。”熊晓鸽补充道。对此，闫怡勝认为，未来新媒体将成为营销推广的主要渠道。

综上种种企业家的言论，其实都有一个十分明显的商业指向——中国市场已进入消费升级阶段，做品牌是消费型企业的发展王道。之所以这么说，原因在于，品牌代表的是质量，代表人们消费的品位和水平。当前的中国市场已经解决了基本衣食住行的需求，但是人们希望吃得更健康、住得更好，所以衣食住行都有升级的需求。

从 2016 年开始，各大基金都在举办消费论坛，很多原来关注互联网、TMT 的投资人现在也都在转向消费领域。IDG 资本合伙人闫怡勝也明确表示，中国市场已经进入消费升级阶段，之所以做这样的判断，除了国家“十二五规划”把扩大内需作为经济发展的重要战略方向之外，我国人口财富结构的改变也是闫怡勝做出判断的一个重要依据。

近年来，中国的城镇化正在逐年提升，2016 年中国城镇化率已经达到 57.4%，中国的人均可支配收入也以高于 GDP 增长的速度在快速上升。

中高收入人群与“八〇后”“九〇后”“〇〇后”新生代已逐渐成为消费主体人群，相比过往的消费者，这类人受高等教育比例高，品牌意识更强，更有国际性视野，属于坚定的品牌拥护者。

此外，由于国内一二线城市生活成本的提高，许多来自三四线城市的大学生开始回流，生产制造企业也开始往三四线城市深入，由此拉动了三四线城市的消费，从海外购物的数据也可以看出，前 20 名几乎没有一线城市，可见三四线城市消费必将是中国经济的一个巨大拉动力。

在中国，所谓中高收入群体可以进行这样一种定义：月家庭收入 12500 到 24000 元之间，为“上层中产”，月家庭收入在 24000 元以上为“富裕阶层”。而在未来 5 年，整个上层中产和富裕阶层将成为主要消费人群。2015 年，这一群体人数是 2000 万人，到 2020 年会增加到 1 亿人。届时中产阶级和新型中产的消费增长将占到整体消费的 55%。

同时，因为移动设备的普及导致流量碎片化、需求小众化、个性化和渠道去中心化，整个市场的产品需求逻辑正在发生变化，所以闫怡勝判断，这一场消费变革将是前所未有且摧枯拉朽的。所谓沧海横流，方显英雄本色。每一次变革都是一次机遇与风险并存的大潮。在新零售领域，在如此多的繁杂讯息的海洋中，创业者如何才能异军突起呢？或许，本文开头熊总的那句“盯住一个事情，在这件事上做出品牌，领衔时尚”，就已经点明了一个方向。

战略——别用不变的战略打变化的仗

张勇：阿里的战略源自铁血实战，他人总结的战略与我们无关

截至 2017 年 6 月 8 日，阿里巴巴集团股价创两年半前上市以来的最大单日涨幅，收于纪录高点 142.34 美元，市值超过 3600 亿美元，超越腾讯一举成为亚洲市值最高的公司，并牢牢站在了全球前十大上市公司行列。

十几年来，阿里巴巴的业务有过许多次“战略拆分”。比如把支付宝和淘宝分开；然后又把淘宝一分为三。再比如在“阿里妈妈”独立发展很好的时候，又把阿里妈妈“塞回淘宝的子宫里”，等等。在许多人看来，这些业务拆分虽在层级上堪称“战略级”，但在具体的收益效果上却并没有多大作用，甚至有“作死”之嫌。不过有趣的是，这一路的“作死”并没有让阿里巴巴在前进的道路上偏离航向，阿里反而在用一种人们看不懂的舞步在不断前行着。于是近些年来外界对于阿里的企业发展战略研究越来越盛，人们不断讨论着阿里是不是有一个不为人所知的企业发展战略指南，而阿里就是在这个指南下另出奇招一枝独秀的。

◎ 张勇：战斗力要从硝烟弥漫的实战中锻炼出来

2017年刚过去不久的“双十一”，是张勇创办“双十一”的第九个年头，这天淘宝的销售额从50亿的基点直冲到1682亿，张勇作为总指挥，喜怒依旧不形于色。他像往年一样，不说自己对销售额满不满意，也不透露明年的目标会是多少。

金山银山堆出来、火星四溅打出来的“双十一”，在社会层面来说是消费者的节日、商业的大阅兵、商业的奥林匹克，在外界想来，阿里员工必定压力如山，但在张勇口中，这不过是阿里内部的一次气氛融洽的团建罢了。

“当你有一个非常具象的目标的时候，不同领域的团队都要为这个共同的目标去努力，谁也不能掉链子，讲句土话，这是一根绳子上的蚂蚱，谁也跑不掉，必须环环相扣，都成功，才能把这件事情办了，这个时候凝聚力就油然而生。”

人们常常疑惑阿里“铁军”的强悍战斗力究竟源于何处，张勇的答案很简单，真正的战斗力都是从硝烟弥漫的实战中锻炼出来的。

“最好的团建方式，就是从胜利走向胜利。”这句话像是张勇在阿里生涯的写照，从2007年进入阿里时担任CFO，到后来兼管淘宝商城，创建天猫，打造“双十一购物节”，一手做起了阿里的B2C业务，继而担任集团COO，成功带领淘宝实现了从PC端到移动端的转型，而后接替陆兆禧，正式成为阿里CEO。在青云直上的背后，张勇就像在钢丝绳上竞走，一边不断求变以图超越，一边不断求问以图生存，换句话说，他只有一条命，却要用这条命来通关一个SSS级的变态游戏。

◎ 新零售的概念定义

当人们向张勇问起阿里巴巴的成功秘诀时，张勇会答：“马云负责天马行空，我负责脚踏实地。”说到这里，张勇用“新零售”的概念打比方。

“新零售”这个词是在 2016 年 10 月份的某一天问世的，当时，张勇正和马云一起喝茶聊天（这是他们俩固定的交流方式）。当时俩人聊着聊着，马云突然道出了“新零售”这个词，而在不久之后的云栖大会上，他正式将新零售和其他四新——新金融、新制造、新技术、新能源——捆绑推出。

在听完马云对于新零售的诠释后，张勇立刻总结出了自己对于新零售的定义：新零售就是在大数据驱动下，对人、货、场的重构。

这个答案在外界看来可能过于简单，缺乏细节，但对于阿里人来说，这个定义也许模糊，但方向很坚定。就像前两年阿里做的“三通”、“双十一”、线下智慧门店，在张勇看来就属于新零售范畴。

面对线上电商增速放缓和庞大但缺乏活力的线下零售业，阿里的机会既在于将线下零售数字化，更在于借由大数据创造出的崭新的业务增量。这是阿里必须破的一个局，阿里必须不断更新，让自己始终处于“新”的状态中。因为新和未来是同义词，想做“102 年企业”的阿里必须为未来求得一个现在之解。因此，马云抛出了这个概念后，张勇便开始披荆斩棘，用他的话来说就是：“我是绝对的推动力量。”

那么如何推动呢，张勇的策略是先确定方向，然后走进去，哪怕前面是一团迷雾。小心翼翼地走，总好过裹足不前的停。2017 年年初，张勇在湖畔大学上分享自己战略决策的核心秘籍，简单的一句话——“战略是打出来的，已经总结出来的战略基本跟你没关系。”

“世界上聪明人很多，勤奋的人也很多，既聪明又勤奋的人更多。那跟你有什么关系呢？肯定是世上本没有路，为了活命，先搞条路出来。”

就像如今每年都会引发万众瞩目的“双十一”，在张勇看来就是一个典型的例子。

“‘双十一’就是我们为了活命想出来的。2009 年那会儿，淘宝商城正处于一个艰难突围时期，一帮人东试试西看看，知道美国有一个黑色星期五的节日，所以也打算在国内试试看，初衷只是想让大家到我们这里来，而且分清楚淘宝商城和淘宝的区别，至于后面的发展，是我们谁也没有料想到的。”

说到这里，张勇总结道，战略是很难被清晰地规划出来的，在战略问题上，两点之间距离永远最长，任何一个进展和变化都需要对战略进行相应的调整，所以战略没有清晰的规划，也没有固定的方向。本来朝着这个方向走就能到终点，但是做着做着，就发觉不对，就要调整。这里面考验的是一个人或者团队对自身事业的信仰与坚持，以及对大势潮流的判断。

此外，战略还应有灵动性。张勇用 UC 和钉钉的例子打趣说：“买回来一只鸡，结果孵出来一只鸭，这样的事在阿里常常发生。”收购 UCweb 的时候，阿里并没有想到会搞出搜索跟信息流，更没有想到，因为对 UCweb 与高德的收购，会使得阿里在无线互联网时代形成了一个基础服务矩阵。

所谓花无百日红，产品也总有周期，整体布局的轮动才能避免公司整体业务陷入集体性的低谷。在这个过程中，张勇表示，自己总是会配合马云，去思考 5 年、10 年甚至更长时间的事情，而这，就是阿里巴巴在一路急速扩张的同时却始终能保持灵活机动性的关键所在。

CHAPTER 08

人才：用人要疑，疑人要用

能创新的匠人比会赚钱的高管更重要

态度——“工匠精神”是创新与实干精神的集合

张朝阳：能创新的匠人比会赚钱的高管更重要

“创新来自日日夜夜、 点一滴的耕耘和积累，积累源自整个组织的效率，而这种效率又取决于激励、用人和价值观，这是创新的本质。”这是搜狐总裁张朝阳回顾自身创业经历的成败得失后得出的最大总结。

◎ 创新的本质

谈创新先谈领导，因为领导是一个团队成长的天花板，而谈领导就要谈到领导者与团队的关系，其中的首要问题就是，领导者如何让员工对你产生信任？

张朝阳认为，领导者自身首先要以身作则，在思维上做到细致了解，经常关注一线情况。这一方面能够让自己更了解市场走向，另一方面能够让团队看到，你是真正理解他们做的事情，在跟他们进行有效率的沟通的。很多领导者在内部沟通的时候都要避免笼统地、总结性地进行某种宏观讲述，而要具体理解前线发生的事情。

只有当领导者与团队之间真正做到理解、沟通和信任之后，才会真正形成一个高成长性的组织。在这个组织里，每个人都为实现目标而奋斗，在这个过程中，团队里的每个人都有发散性的思维，遇事的时候能想到许多实际的解决办法。当问题不断被解决的时候，团队的创新能力就在无形之中不断地增加，每天多一点儿改善，到最后就必然能做出最牛的产品。

最后是推向市场，当这个产品或某种服务比竞争对手的好一点儿，积累很长时间形成爆发性的成长时，最后投资人、媒体说 OK，这是一种新模式，产生了这么大的创新。其实，创新来自许多个日日夜夜的点滴耕耘和积累，这个积累源于整个组织的效率，而这种效率在于激励、用人和价值观，这是创新的本质。为什么有些企业特别成功，有些企业失败了？就在于这样一个组织的效率和价值观，也就是我们常说的“组织绩效”。

◎ 让员工具备工匠精神比给钱更重要

创新，是在当下商业社会中说得最多、流行最广的一个概念。那么创新究竟是什么？对媒体、观察者、投资人而言，创新或许更多地被划定在模式范围中，即一种新的商业模式或是一种新的做法。而张朝阳从一个做企业的人的角度出发，他认为，世界上有两种人，一种是 investor（投资者），一种是 company builder（企业建设师），他自身则是属于 company builder，所以对于创新，他更关注的是其所带来的新的产品、技术，还有这个新的商业模式所带来的商业上的成功，以及它是否改变了人们的某些生活方式。

创新不是模式上的创新，而是组织上的创新。换言之，你的企业、部门是怎样的？如何才能打造一个更加高表现、有业绩的组织？这个组织是怎样去发掘聪明的、有判断力的人的，同时又给了这些人怎样的激励机制？这些都是张朝阳一直在思考的问题。

当然了，人并不是仅仅有物质上的激励就能好好干活儿。张朝阳认为，人和动物之间的区别，就在于人要有精神层面的价值观，而当这种价值观作用在团队中的时候，就会转化为这个人对自身所处团队、所从事的事业的认同感。

一旦人们开始对自身工作感到骄傲，从工作中找到自我存在的重要性的认知的时候，这个企业就能在“以成败论英雄”和“拜金主义”为主流的商业圈中脱颖而出。所以，对组织者来讲，有效地运用激励的方法，与聪明人进行有效沟通，使其看到一种愿景，是企业创新中极其重要的一环。

“愿景”说起来是一种很虚的东西，但从某个角度看，愿景即文化。一个企业要形成怎样的文化？张朝阳认为，这种文化首先要让人们看到，工作并不是单纯地为了挣钱，人们在工作中必须要具备一种工匠精神，找到工作的意义，并从中获得自我成就感。换言之，当一个人回顾自己的过往，发现他在人生的一段时间里做了一件有意义的事，他就会发现他的人生没有被虚度，从精神价值观的角度来说，这是比奖金和奖励更重要的回报。

◎ 摆脱“村看村，户看户”的山寨心理，找到自我定位

张朝阳认为，山寨是当下中国商业中存在的一大弊端。许多人无论是做生意还是生活，都会在心里装着一个标准答案，这个答案是唯

一正确的。这种思路导致许多人在做产品的时候常常会着眼于对手正在做的事，好像别人做什么自己就要去学习，而这种学习久而久之就成了抄袭。

张朝阳认为，中国的很多企业在很多产品上的模仿痕迹特别重，一个公司做，另外的公司全都会跟上去，这是中国企业成长方式的一个特点。在美国，这种情况是很少存在的，因为硅谷不能随便模仿，模仿属于侵权，这样就导致每个组织都在想如何改善用户体验的氛围，而不是去想如何模仿。而谈到公司的产品开发上，他说自己在开会的时候很烦一种情况，就是团队中不断有人跟他反映竞争对手在做什么。他并不反对研究竞争对手的产品，但他认为如果团队的想法全部源于对竞争对手的模仿的话，那这个理由就太牵强了。他一直在团队强调的是，每个产品都有它自己的内在逻辑，而企业要做的，应该是偏重于了解用户的感受，不去独立关注用户，关注如何改善产品来体现价值，用一种“村看村，户看户”的心态去做事，那这个企业就永远会被人牵着鼻子走。

◎ 聪明人的两要素：思维敏捷，打破自我限定

做生意是聪明人干的事情，但聪明不是天生的，而是可以训练出来的，那么要怎么变得聪明起来呢？在张朝阳心里，要变聪明，不是一天到晚忙忙叨叨工作十几个小时的“勤奋”就可以实现的，而是思维的活跃与灵动。

聪明人有一个特点，就是懂得如何让自己快速地接受和了解无边

界学习。在当下这个社会，无论男女，无论是做市场还是做行政，都可以通过不断学习变得聪明。我们常常评价这个人 IQ（智商）高那个人 EQ（情商）高，但在张朝阳看来，这其实没什么区别，一个人想要真正在各个方面都做到高明，首要的是思维敏感，其次是打破自我限定。

在打破自我限定方面，张朝阳举了这样一个例子。小时候我们总会听到周遭大人说，男孩逻辑思维强，善于学数学，女孩心理敏感，所以语文方面学得好。但张朝阳觉得，在对智力的需求方面，无论男女都是一样的。换句话说，难道男性是真的不善于找感觉或者找人文的东西，而女人就会天生在逻辑理性上输给男性吗？这其实是没有一定规律的。之所以有差异，当中涉及的其实是一个思维敏感性的问题。

女生要学数理化，首先要打破的就是“女生学数理化不如男生”这个思维限定，想明白了这点，一个女生在学理科的路上就抛开了一个沉重的自我限定。有句老话叫“熟能生巧”，所谓熟，就是知识的积累，当一个人对一个知识非常了解，他再在相关方面进行思考的时候，大脑运行的距离会非常短，自然就能够信手拈来。所以想要变聪明，重点要做的就是进行知识的积累和存储。

对长年累月的积累做细致入微的了解，等再遇到这些问题的时候，人自然就会变得聪明。当我们对事物不断去积累，特别细致地去了解之后，我们就可以变得聪明。而当放到实际场景中去的时候，张朝阳提出了这么一个疑问：“假如公司里市场部的一个女生每次遇到产品技术问题的时候，都下意识地认为这是技术部门该管的事，她不用也不应该去了解相关的技术问题，那么无论往后过多少年她都无法了解技术。但请问，在实际的商业链中，营销、技术和产品会分成模块式的吗？”

只有对产品和技术充分了解，产品才可能会对用户行为、用户感受等各个方面感同身受，最后产生出更加优秀的销售办法。还是那句老话，知识的积累是无边界的，不要有意去分门别类地排斥某些知识，而是要在了解知识的过程中做到精致准确，看待问题的时候才能快速地切中要害，找到突破点。

在张朝阳眼中，在这个信息化时代，迭代更新的不只是电脑，还有我们自己的大脑，无论是进行更高级的推理过程还是更加高级的所谓模式识别（pattern recognition），首先都要求人要有大量的信息在脑子里。

这个世界，资讯变得越来越丰富，有很多的问题需要我们去解决，人类大脑具备一种把问题全部了解甚至是放大的能力，这种能力让我们有了面对信息时的哲学思考，同时也有了相应的情绪反应。现代人在面临越来越多的情绪问题时，很容易让自己陷入情绪中无法自拔，这时，焦虑、烦闷、苦难等各种各样的感受就会应运而生。

在过去宗教盛行的时候，人们的大脑被宗教所管理，人会坚信一些信念，无论是佛陀两千年前就总结出来的人类的“分段苦”，还是基督教信仰对人类大脑的管理，都可以让人不至于太疯狂。但是当今天无法完全依赖于宗教的时候，我们就需要一些价值观、信条或是一些坚定的信念来管住我们的大脑。对于张朝阳而言，他在深受焦虑与苦难的折磨后，面对当下这个时代，他说了这样一段话：“我会完全保持这样一种乐观精神，以及接受人类大脑的破坏性正常，接受正常，与之共存，坚定地去实现一个有意义的人生。也只有这样，人才能在工作与生活中获得无限的创新能力。”

张朝阳这番话，在当下这个以短、频、快为主题节奏的社会中，似乎显得有些不接地气，但仔细回想一下，人如何才能在工作与生活中获得无限的创新能力呢？这番话其实已经包含了答案。我们这个社会，曾经有一段时间，“工匠”是为人们所诟病的词语，人们将“工匠精神”作为缺乏创新创意、思维僵化的代名词。而时至当下，一股别样的“复古风”又悄然来袭，这时候人们才发现，“工匠精神”其实是创新与实干精神的集合，只有拥有工匠精神的人才能打破思维的边界与自我的限定，在有限的环境中迸发出无限的创意。

人才——用人要疑，疑人要用

王石：企业传承靠的是文化而非血缘

2017年6月21日，王石谢幕万科。从1988年出任改制后的万科董事长兼总经理开始，30年间，王石带领万科一举进入中国房地产市场的顶尖行列，王石本人也成为这一代中国商界的标杆性企业家。

在这次卸任演讲中，王石首先自问的一个问题就是——我给万科带来了什么？

最后他给出的答案是：第一，他为万科选择了一个行业；第二，他带领万科建立了一个现代化制度；第三，在他手上，万科有了第一个精英团队。从这三点出发，王石面对万科自感问心无愧。

◎ 放弃了在万科的股份，至今没有后悔

1988年，万科进行股份制改造，4100万的资产为股份，40%归个人，60%归政府，而在明确资产的当天，王石放弃了个人拥有的股份。这个决定使得王石自1995年来再没进过中国大陆富豪排名的前百位。但对于这个决定，王石至今不后悔，他坦诚道："我本事不大，做不到名利双收，所以在名和利之间，我选择了名。"

之所以会有这样的选择，关键在于王石对当时时代的观察。在20

世纪 80 年代的中国社会，一个人的突然暴富其实是一件十分危险的事情。中国有句老话叫“不患寡，患不均”，王石深深记着这一原则，尽量不让自己处于嫉妒与眼红的聚焦处。同时放弃股权也意味着王石选择了做一名职业经理人，而无论在当时还是现下的背景中，一个企业家不通过控股权来管理一家企业都是一种大胆而冒险的行为。然而最后的结果证明，王石成功了，同时也让公司收获了丰厚的回报。

王石作为唯一的创始人放弃了公司股份，在这种情况下，其他管理层自然也不会再要股份，这样无形中也为万科的现代企业制度铺平了道路。这种用个人利益来换取整体有效发展的方式，看起来似乎有着许多牺牲成分在其中，但王石却不这样认为。一如前文所说，在名与利的抉择中，他选择了名，这正是王石作为一个企业家最高妙的考量。暂时的利益不过过眼烟云，相比之下，名所带来的稳定、持续的利益看上去似乎没有那么丰厚迷人，但却是一个企业与企业家本身最重要的一个战略性资源。如果要用一个符合当下时代的名词来形容这一战略性资源的话，那这个词就是 IP。换句话说，“王石”这个名字在当下的中国商界值多少钱？哪怕如今已经退位，王石给万科带来的影响和加持价值几何？这些问题都难以用具体的数值来估量。

◎ 平衡新老关系是企业良性发展的关键性要素

在王石看来，一个企业中最难处理的永远是内部的人际关系，这其中可以分为强关系和弱关系两种。第一批元老一定是强关系（最早到公司三个月的就是老人），而元老们普遍都有一种特质，他们对公司忠心耿耿，同时也普遍排外，尤其是对新来者。这种情况无疑会给公司整体的稳定埋下隐患。作为领导者，强关系形成后如何平衡新老员工之间的矛盾，就成了一个摆在台面上的问题。

王石坦言，自己从1984年开始创办万科到现在，每年最重要的事，就是平衡新人老人的关系。这么多年过去了，万科形成了一种文化，叫弱关系文化。

所谓弱关系文化，本质上就是契约文化。契约有三个基本要求——自愿、公平、执行。领导者在这方面的以身作则是这三点在团队中能够坚定执行的关键所在。在这一点上，王石十分自豪。他说自己在领导万科这么多年的过程中，无论亲戚、朋友、战友，都没有在万科担任过任何职位。换句话说，王石与万科之间没有掺杂水分和私情，领导以身作则，万科内部依靠裙带关系上位和人情谋利的现象相较于其他公司要少得太多太多。对万科的员工而言，你不用认识董事长，也不用担心自己的努力会被某一个靠关系进公司的人抢走。你有能力，你就能上位，这句话说来简单，但却是太多公司想做而做不到的。

当然了，王石也提醒道，所有的事情都没有绝对的好与坏，要看自己处于什么样的阶段。创业公司刚开始什么资源都没有，需要强关系，大家一起往前走，而渐渐有名气和资源的时候，就要开始慢慢转换为弱关系。

◎ 做企业管理，用人要疑，疑人要用

从管理者的角度出发，王石提出了管理三原则：首先是决策，一

件事情在悬而未决的时候，领导者必须做出选择，否则就是失职；其次是用人，很多时候做事情不可能都要领导者去亲自挂帅，那么谁去办这件事情呢？这同样是领导者的责任，也就是我们常说的用人的问题；最后则是责任，一个项目的失败或出现错误，领导是最终责任人。

管理者与员工之间永远都是一种相对强势的关系，很多时候领导指派一件事情让下属去做，他做错了或者没错成，这无疑会辜负了领导的信任。这时候他已经很诚惶诚恐了，作为领导的你要用怎样的态度对待他呢？无非有两种。

一种是指责，呵斥，“你辜负了我的信任，把事情做砸了！”还有一种则是主动担责，告诉他：“这个事情没做成固然是你做错了，但这是我的责任，因为是我让你做了不适合你的事情。”

王石通常都会选择后者。

在他看来，一个真正聪明的管理者，在知道下属犯错了的时候，反而会选择不吭声，先把事情放一放，甚至很多时候还会允许员工犯点儿错误，因为当他知道错了之后，他就会更努力地做，以此来珍惜上司对他的信任。

在一个公司壮大之后，“如何授权”就成了在企业经营管理过程中一个非常重要的环节。王石认为，管理者一旦授权就不要横加干涉，这是我们常说的“用人不疑”法则，但他同时提醒道，“用人不疑”并不意味着连监督机制都没有。在这当中，授权者一定要认识到什么样的错误可以犯，什么错误不能犯，哪些错误在可接受范围，而哪些错误是致命的。任何在原则问题、道德问题上的用人不疑，本质上其实是一种不负责任的愚蠢放任。

“在我看来，疑人不用、用人不疑这种方式套用到企业管理上是行不通的，因为你无法保证你的部下全部是天使，或者他们曾经是天使就能永远是天使吗？”

对于企业管理，王石认为要在道德层面假定善意，但在制度层面假定恶意。所谓从制度上假定恶，就是当人心中“恶的欲望”还没产生的时候将其抑制住。你无法要求你的部下全是天使，他必然会有魔鬼的一面。而制度的存在，就是为了减少他魔鬼一面的释放。

对于万科的管理轮换制度，王石举了这样一个例子：“在万科，一位总经理在公司只要连任超过三年，一定会有一段临时审计，因为我们一般是三年调换。让你到公司总部学习 20 天，这 20 天会派一个临时总经理进入。这个时候就需要有一个制度为参照。如果没有这个制度为依据，大家都含情脉脉说什么我相信你、信任你等空洞无聊的话的时候，这就不是一个企业了。”

总体来说，万科在制度建设上有两大特色。第一是规范化。万科的内部网站上有一个制度规范库，其制度主要是工作指引型的，会告诉职员遇见某种状况应该如何操作，而无须层层请示。这一套规范的制度体系使万科在内部流程上很少出现烦琐的请示汇报，从而可以让员工将主要精力放在工作上，无须花费过多的精力去与上级沟通。

第二个特色是流程优先。万科在制定一项新制度之前，首先考虑的就是流程的规范。在流程中充分考虑总部与地区公司、公司各部门之间的对接；找到最直接有效的渠道，打破上下级与各部门之间的职能刚性束缚。万科的制度建设强调简洁、规范，是中国最早一批采用 ISO 9000 管理体系的企业之一。

在万科，每一项制度首页就是一个流程图，非常明晰。各业务指导程序就是工作指引和工作表格，从合同审批到项目决策，均可照流程执行。员工有流程作为指导，工作起来也就得心应手，不会无所适从。万科的具体操作模式为：设定工作目标，形成工作网络；工作实施过程中以流程为指导，不受层级和职能的限制，流程规定需要由哪个部门或公司负责就由其完成。在万科的内部管理中，没有“职能型”和“矩阵型”之争，只有流程。强调做流程型企业，强调各职能部门、各层级和各专业线都服务于流程。

◎ 培养人才的最好方式就是给他犯错的空间

万科员工手册上有句话——人才是一条理性的河流，哪里有谷地，就向哪里汇聚。这句话之于万科有两层含义：一、人才必然是理性的；二、在万科的发展过程当中，人才也在不断流走。王石认为，这是企业用人的应有心态。

王石在 1999 年便辞去了万科总经理的职位，只保留了董事长职位。自此之后，王石便走上了一条在许多人看来是投身兴趣、探寻自我价值的文青道路。“文艺型企业家”这个标签在王石身上是十分浓厚的。但对于王石而言，投入这些业余活动，一方面除了的确有重拾少年的旧梦激情之外，另一个很大的原因，就是以此为契机，与管理层进行疏离。

在创立万科的过程中，身兼董事长与总经理的王石对公司上下一直是事无巨细地亲力亲为，但实际上，无论一个人有着怎样神通广大的能力和用之不竭的精力，总有要离开的那天，这是谁都不能违背的自然规律。另外，王石也看到了，如果万科是一家“王石在的时候就红红火火，王石不在的时候就走下坡路”的企业，那万科无论做多大都是一家不成熟的企业。

在王石看来，企业的传承靠的是文化而不是血缘，第一代老板的机遇来自于五湖四海，时值第二代就已经是全球化、国际化的平台。**中国的企业能不能壮大，中国的民营企业能不能发展，很大程度上取决于职业经理人的道德水平。**中国人充满了企业家的冒险和创新意识，所以中国从来不缺少企业家，但中国缺少具有良好职业道德和职业行为的职业经理人却是一个谁都无法否认的事实。

◎ 放手的智慧

“我不希望是我做不动了，眼睛看不到了，我才离开。我早点儿放手，对我对万科都有好处。但是我辞职的时候才 48 岁，还年富力强，如果在公司待着，肯定是没事找事。”

说起离开万科，王石也有着一段比较纠结的心路历程。在卸任总经理职务后，王石便将所有的工作都移交给了新任总经理。虽然不管具体事务了，王石却还担任着万科的董事长的职务，第二天还得照常上班，可一到办公室，就感觉一切都跟从前不一样了，觉得冷冷清清、安安静静的。他坐在办公室看完日历又看记事本，不是节假日也没什么特殊的事情，过了一会儿他便问秘书：“人都跑哪里去了？”秘书说：“大家在总经理办公室开会。”

当时王石的第一个反应就是“怎么没有叫我”，而随即他便反应过来，自己已经不是总经理了，所以开会的这段时间他便只能在办公室里无聊地踱来踱去、抓耳挠腮。

问及当时的心情，王石坦言，自己心里其实特别想冲过去看看，告诉他们，你们开你们的，我就坐在旁边听听，什么也不说。但转念一想，新的总经理第一次召开办公会议，如果前任总经理、现在的董事长往那儿一坐，人家还怎么开会呢？于是又只好继续在自己办公室里转圈圈。

当时那种感觉，就好像前一天还意气风发、指点江山，第二天就要拄着个拐棍去公园里散步，拿些老照片追忆似水年华，顺便思考思考人生一般。这种转变看起来很惬意，但对于一个还年富力强的人来说，就好比将驰骋的野兽关进了笼子。

回想起当时的样子，王石还有点儿忍俊不禁。第一天就这样在不适应中过去了；到了第二天，还是很难受；第三天，仍然很难受；第四天的时候，转变出现了。那天新任总经理来王石办公室汇报会议情况，并说会议上有 7 个要点。王石听了精神顿时一振，坐在办公桌的这头饶有兴趣地听着，但当新任总经理说到第三点的时候，王石摆了摆手，说：“不用说了。”

说完王石便将接下来的第四、五、六、七点是什么都说给新任总经理听，紧接着又告诉他，第五点的思路是错的，第六点也不对，应该怎样怎样。总经理听完后看着王石，眼睛里满是钦佩，觉得老总没参加会议，只听前三点就知道接下来都是什么，并且还能指出哪里不对，实在厉害！

这下立马让王石的情绪高昂起来，他似乎瞬间就找回了刚刚失去了的成就感，于是到了第二个星期总经理再汇报的时候，照样到了第三点，王石又坐不住了，自己接过话茬儿，将接下来几点以及相应存在的问题都说了一遍。而等到第三次总经理再汇报时，王石开始发现出问题了，此时，新任总经理的眼睛里已经没有了最初的那股情绪和冲劲儿。看着新任总经理的神情，王石甚至能猜到他的心中所想——“反正我们想什么、讨论什么、做什么决定董事长都能猜到，与其来做汇报，还不如直接听从指示”。

王石瞬间警醒过来，他发现自己一不小心又做了“垂帘听政”的事。于是当下他就决定不说话，一路咬着舌头听完了总经理的汇报。有趣的是，新任总经理也似乎掌握了王石的规律，在汇报到第三点的时候顿了顿，就等着王石开口说话。不料此时王石正暗暗咬着舌头提醒自己不准说话呢，所以他只好继续讲第四点和第五点，直到说完，王石暗地里忍了半天，回了一句：“我没意见。”

事后王石开始反思自己的问题究竟出在什么地方，他列出了两点：第一，是不是真的准备交权？交权属于自愿自发，所以确属真心；第二，既然是主动自愿地交权，为什么还不放心？因为觉得自己不在，手下的人总会犯错。

想到这里，王石又开始扪心自问：“从到深圳创业至今，我有没有犯过错误呢？一直在犯。那为什么不能允许他们犯错误？”此时王石才真正反应过来，既然自己也是一路在错误中成长的，那为什么不能对别人的错误宽容点？如果还不等手下人思考，就直接指出问题，这种方式固然省去了一点时间，但也让他们意识不到后果的严重性，从而断绝了进步的可能，这无疑是个错误的方式。自那以后，王石开始学会了装傻，只要手下人犯的不是根本性、颠覆性的错误，装作不知是最好的选择，这也促使了王石之后的万科下一代接班人的飞快成长。

领导——领导者不是一个固定角色

刘芹：领导者要扮演的两个角色——杀手与传教士

◎ 过分崇拜个人能力，是成功之路最大的障碍

“聪明人很难成大事，不是因为他们能力不行，而是他们态度不对。”这句话出自晨兴资本董事、总经理刘芹之口。在刘芹看来，一个创业者想要铺就一条成功之路，首先要具备的不是所谓的才华和能力，而是一个不偏不倚的认知。

这种情况不只发生在初创企业的创业者身上。刘芹坦言，很多事业有成的人也会犯类似的错误，即错误地把自身事业的成功归于个人能力。然而刘芹所看到的是，这些人的成功，往往是环境的变量所带来的，换句话说，就是成功跟时机有很大的关系。就像古代有那么多次农民起义，为什么只有朱元璋一个人成了皇帝？并不是因为朱元璋比世界上绝大多数人都优秀，而是他充分把握了环境的变量所带来的机会。

在当下这个以狼性文化为主流文化的创投圈中，刘芹的这个观点显得颇有些不合潮流，但从实际角度来看，我们会发现，当一个团队中的创业者过分夸大自己能力的重要性之后，其后果除了导致个人崇

拜之外，很可能会给公司带来超过现有能力的挑战，就像一朵初生的花朵在过早历经雷霆暴雨后，鲜有不夭折的。

此外，对一些先期发展较为平稳顺利的企业而言，一些相关业务的成功与成绩，会将公司在整体战略方向上迷失的问题掩盖得更加隐晦。但隐晦不代表不存在，这些问题会随着时间的流逝而变得更加深沉和尖锐。就像一栋盖在地雷上的大厦，这颗雷一旦爆发，原先鲜花着锦烈火烹油的"盛世场景"便会在瞬间变成残垣断壁，破败凋零。因此刘芹认为，过分崇拜个人能力，是成功之路上的最大障碍。

◎ 领导力的两个组成之——"断物"

刘芹认为，每一个公司的成长中最大的瓶颈其实不是别人，而是领导者自己。所以，领导者提升自我的认知，提升战略的准确度，对团队发展是至关重要的。在团队领导方面，领导者要做到的就是两件事——"断物"和"识人"。

俗话说"主帅无能，累死三军"。三国时期，刘备手下猛将如云，为什么会兵败长坂坡？刘芹认为，这是因为刘备是赋能型的领导，他执行能力很强，能发挥手下人的长处。但刘备的短板在于战略不行，随着团队规模的发展，这块短板所带来的局限会愈加明显和放大，最后失败就成为必然。

一个成熟的企业领导者必须具备两种能力——执行力和战略规划能力。这就像建筑工与设计师，两者一定要结合起来一样。

战略规划是一个企业在自身发展过程中的基本方向，而战略的执行和落实，则需要掌握了核心能力的人来操作。所以领导者既要让自己成为一个优秀的建筑工，又要成为一个卓越的设计师。而领导者日常最需要关注的，无非就是两件事——“断物”和“识人”。“断物”代表战略思考，“识人”代表执行能力。

一个公司的战略来自领导对事情发展以及趋势的判断，因此，企业领导者首先要做的就是“断物”,而“断物”则由以下两种能力构成。

第一是洞察力。

它要求企业领导者能够看清时代的发展趋势，对未来事情发展的必然性有一个自己的信仰。就像沃尔玛、亚马逊这样的公司，它们的核心竞争要素是低价，但对于像小米这样复杂性很高的业务公司来说，它则需要十分全面的能力，比如得有硬件的经验、供应链的能力、营销的人才，还得有互联网的基因，等等。再比如，京东的核心战略就是做 B2C，所以，它的稀缺价值是保证商品的质量以及配送体验。就像一个用户在京东买了一个空调，京东不但会保证这个商品的质量，而且可以迅速地给他送到家里，帮助他安装打孔。而相比之下，用户在其他平台上接触第三方的物流服务就没有这么好的用户体验了。

简单地说，不同行业、不同公司、不同的发展趋向都有着不同的战略规划，这个战略好不好，除了看成果之外，关键还取决于领导者的洞察力如何。

第二是“决断力”。

当下是一个资源过剩的时代，这种过剩有一种很突出的体现，就是聪明人太多了，但在如此多的聪明人的情况下，真正的成功者却依然寥寥无几。刘芹说自己曾遇到过非常多的聪明人，他们都有非常强的思辨能力,但是他们永远做不成大事,原因就在于这些人缺乏决断力。

当公司业务不顺，面临一些非常模糊不清的情况的时候，创始人要做的就是决断。刘芹每次做投资的时候，都会有一百个理由告诉他这个投资肯定会输掉，但是也会有另外一百个理由告诉他，这个投资一定会大赢。那么到底投还是不投呢？这时候他就一定要做出决断来。做决定的时候，他常常告诉自己：“我又不是非常牛的人，我为什么就不能投资失败呢？创业失败是很正常的事，投资失败也应该是很正常的事。”这时刘芹就会把自己放下，开始做决定。

关于决定，刘芹认为这个世界上每个人都只能对自己负责，作为一个公司的创始人，这个公司和团队就是他必须要负的责。他有嗷嗷待哺的团队在这里摆着，有每个月要发的工资，他要清楚明白地知道，他今天要做什么，不做什么，看清楚这些，然后从自身责任的角度来做出明确的判断，这是每一个成功者都需具备的必要素质。

◎ 领导力的两个组成之——“识人”

战略之所以是战略，就是它必然是建立在一个团队合作的基础上的。创始人不是上帝，他必须寻找合作者来执行既定的战略规划，那么如何找到真正合适的合伙人呢？这时能够“识人”就变得至关重要。

领导者在“识人”的时候要扮演两种角色：一个是“传教士”，另一个是“杀手”。在此当中，领导者首先要扮演的角色就是“传教士”。纵观古今中外，我们会发现那些能做大事的领袖都是具有传教士的能力的，他们都有着很强的价值观输出能力。

在意大利的时候，刘芹曾对宗教产生过强烈的好奇，于是他便去翻读基督教的历史，并从中看到了基督教当年在罗马帝国的打压下如何一步步成为国教的历程。

从某个角度来看，刘芹认为宗教其实跟创业公司一样，也有很多起伏转折，都有一群强大的有愿景的人在背后推动它发展，而这其中的关键，就是传教士。传教士有一种非常强的愿景感召力，他告诉信徒这就是未来的必然。当然，信念不能改变客观事实，抱有信念的团队中途夭折的案例其实并不在少数，但不能因此去说传教士般的信念是虚伪的，因为这些人的确对未来有着自己真切的愿景，只是他们最终失败了。

关于信念，刘芹认为这就跟他相信一个创业者一样，如果他信任一个创业者，他甚至愿意连投三把，因为他在这样的创业者身上看到了一种异于常人的独特能力，他所缺乏的，仅仅是一点儿运气。

在一个巨大的变量环境里，失败的必然性本来就很高，所以失败并不丢人，重点在于创业者在失败后是怎么复盘的。他第二次做会怎么做？会不会再犯同样的错误？这才是优秀创业者的核心所在。传教士输出价值观的能力决定了一个团队的向心力，当一个团队对自己做的事情没有信心的时候，成功就会成为一个遥不可及的梦。

再说杀手。所谓杀手，就是以身作则的人。绝大多数创业公司在初创阶段必然是什么资源都处于稀缺状态，这时候“杀手”就要不断地去补短板。一个完美的创业者，不但要有愿景，懂得管理，而且还能以身作则，带兵打仗。这样才能在愿景和理想之上，插上执行力的翅膀。

有一次刘芹在与阿里巴巴集团学术委员会主席、湖畔大学教育长曾鸣交谈时问道 :“你们公司有很多天天琢磨事但不干活儿的人，执行是怎么做到的？”

曾鸣则笑着说 :“这个业务有一个特点，每三五年就会有一个COO 被干掉，这也是挺惨的。因为战略不会错，错的都是执行。”

刘芹认为，**一个公司强大，不是这个公司有多么雄厚的资金链，而是它随时随地有着取之不尽、用之不竭的执行人才，而且这些人才还能够与顶层设计的战略规划形成完美结合。**

此外，在战略规划与执行力上，刘芹特别强调应该避免两个陷阱——战略问题执行化与执行问题战略化。这就像一个硬币的两面。在创业公司的董事会上最容易犯的两个错误就是战略问题被执行化与执行问题被战略化。

所谓战略问题被执行化，即明明是老大的战略想得不清楚，还抱怨说团队的执行力太差了；所谓执行问题被战略化，即明明是公司的执行力不行，却以为是公司的战略出现了问题。

在刘芹看来，世界上唯有“认真”两个字最可怕。一个好的董事会，最重要的一个能力，就是认认真真、诚诚实实地面对问题，如果是战略问题，就认认真真地讨论战略，如果是执行问题，就更换执行人。不要把两个问题混合起来。

◎ 创业要找的四种人

刘芹认为，创业者没必要在创业之初就花很多精力面对企业管理，因为从管理学上看，一个人的有效沟通是不能超过6个人的，超过这个数字，沟通效率会变得非常低下。所以对于许多刚处于创业起步阶段的小公司而言，为了保证团队的灵活性与有效性，他们不光要在战略方向、路径上做减法，组织上也要做减法。

组织上如何做减法呢？刘芹给出了四点建议。

一、找尽可能少的人

如果一个小公司连自己的战略都没验证清楚，就开始用一个大公司的视角做人才培养，这会浪费很多管理精力。所以小公司要找尽可能少的人，能雇一个人，就绝不要去雇两个人。

二、找战略对口的人

创业公司首先要聚焦业务，想清楚自己的战略是什么。确定了战略之后，再去寻找战略对口的人才。跟战略对口的人共事，做事效率才高。

三、找能力最强的人

很多创业者都有过这样的经历，就是，要说服一个有能力的人为自己工作是件特别难的事，所以一些创业者干脆偷懒而去找一些自己信任的人，其实这是对执行力的稀释。

说到这，刘芹说起一次跟小米总裁雷军的谈话："有一天雷军很郁闷地跟我说，为了说服一个人来公司工作，他花了一个星期，最终还是没搞定。我就开玩笑讲，不能因为你叫雷军，创业就能偷懒的。"

在刘芹看来，人与人之间的信任与被信任，追随与被追随可以说是世界上最复杂的事。哪怕是有成功创业经历的人，想要说服一个有能力的人来为他工作也不容易。但创业者却不能因为说服一个有能力的人来工作很难，就去找比自己弱的人。公司组团队时一定要尽量避免找能力比自己弱的人，而尽量去找能力最强的人。就像刘备的手下，诸葛亮、张飞、关羽都比他强，这就是做减法的思维。

四、找自我驱动的人

世界上最好的管理就是不用管理，这句话放在小公司身上，就是一定要找能自我驱动的人。对创业者而言，你为什么要管自己的员工呢？如果他自己上赶着要干这件事，那你唯一要干的事情，就是梳理业务。

小公司跟大公司比，优势就是快速灵活。规模性的管理对小公司来说太奢侈了，所以中大型公司才搞管理，而小团队就一定要找那些能自我驱动的人才。

总体来看，其实所谓创业，本质上与一个时代的宗教崛起有着诸多相似之处。一个人创业成功与否，很多时候并不取决于他是否聪明，因为聪明只是一个底线，而创业所要求的是一个人既要有思想上的高度，又能弯下身来干活儿，还能在关键时刻做下决断并为自己的决断负责。而在成长的道路上，创业者更要学会以一个谦卑的心来无边界地接受这个世界的信息，如此才能收获真正的智慧，一个自诩聪明又自我封闭的创业者，唯一的结局就是失败。

CHAPTER 09

理念：让所有人都相信

信念是种可以训练出来的能力，一旦完成自我训练，就再也退不回去了

心性——德性比能力更重要

季琦：一群志同道合的朋友，快乐地成就伟大的事业

季琦，汉庭连锁酒店创始人兼CEO，力山投资公司创始人兼CEO。1997年与梁建章、沈南鹏、范敏联合创建携程旅行网，成为“携程四君子”之一。

季琦的人生无疑是传奇的。从1999年到2010年，差不多10年的时间里，他创立和参与创立了三家企业（携程、如家、汉庭），最后这三家企业都在美国纳斯达克成功上市，市值也都超过了10亿美元。而在汉庭连锁酒店于2010年上市时，他才44岁。

回顾携程到汉庭一路来的创业经历，季琦总结了五个心得。

第一，创业先要看到实际商业模型和最初融资的差异，不要死守理想模型，要随机应变，找到一条现实可行的道路。虽说季琦一直在酒店行业打转，但携程、如家、汉庭却是三种完全不同的商业模式。携程的关键操作是从网上旅行社到订房中心，如家则是从酒店联盟到经济型直营，而到汉庭的时候，模式就变成了从中档有限服务与经济型酒店挂钩链接上。这三点在最初融资时没有人能够做出一个清晰有效的计划，基本都是团队的随机应变，一步步实践出来的结果。

第二，把握企业成长周期。总的来说，一个新模式成长的黄金时间是三年。就像携程从1999—2002年，如家从2003—2005年，汉庭

从 2007—2010 年，这三家企业都在三年内将商业模型、团队、框架、性格、特质、文化等基础条件发展至成熟阶段，往后则是进一步地生长。季琦认为，中国的创业企业成长速度比较快，仿效、跟进者众多，因此在中国，创业企业的发展基本上是三年一个坎儿，三年内能够达到一定程度，未来希望就比较大。如果不能在三年内脱颖而出，其结果可能就是泯然众人。

第三，不经历危机，企业无法成长。季琦认为，做企业的人必须要看到，危机是一个企业成长最好的催化剂，携程经历过互联网泡沫，如家经历过“非典”时期，汉庭碰上了金融危机，就像大浪淘沙，危险与灾难事实上就是一个严格的筛选机制，潜在生命力差的企业必将淘汰，而潜在生命力强的企业，则会将自己最优秀的部分调动出来，将自己的潜力逼到最大，危机反而成为成长的动力。

第四，成功源于企业家精神和专业管理者的完美结合。在中国，所谓企业家（Entrepreneur）和经理人（Professional），说白了就是“有钱人”和“读书人”，抑或是“海龟”和“土鳖”，这两种角色都是一个企业里不可或缺的资源，谁都无法替代。季琦认为，在当前的商业生态环境下，一个理想而成熟的企业家应该贯通中西：不仅要熟悉本土的商业逻辑和环境，还要深谙东方历史文化和传统；不仅要懂得西方做生意的语言和规则，还要学会运用现代企业的高效管理手段和工具。携程的成功很大程度上就是创始人之间达成了这样的共识。

以携程、如家、汉庭为例，携程由季琦开局，梁建章打下扎实的基础，范敏发扬光大，沈南鹏在融资、法律等方面发挥了专业知识与深厚资源。如家也是如此，由季琦奠定基础，孙坚顺利接棒。汉庭则是季琦开局，张拓、张敏加入与其一同奠定基础。

对此，季琦曾说道："我属于那种企业家精神极强的创业者，但如果只有我，而没有那些有着系统的管理经验和知识的人才加入，想要造就一个大企业其实是不现实的。很多专业管理者在初创期的优势并不明显，甚至会显得有些碍事。但不管是有意无意，我这一路的创业历程中，我们这三个企业都将这两者结合得很好。"

第五，传统行业再造。携程是典型的传统旅行代理升级为现代旅行服务公司；如家和汉庭也都是传统酒店业升级成现代酒店连锁。在借鉴欧美发达国家商业模式的情况下，结合中国具体情况，进行改造式创新和应用是一个很有效的方法。因为人类的物质、精神需求和享受，总是从低级到高级，从简单到复杂，而研究和继承欧美的成熟商业模型对国内服务行业而言是有价值且有必要的事情。

◎ 如何组建团队

组建团队的首要条件就是如何找人。关于这点，季琦总结经验，得出了一个"三个 shu 理论"：一、熟人，一定要找自己身边的人，熟人、朋友、同学、亲戚，这是创业初期最有效的找人方法；二、俗人，意指有饥饿感的平常人；三、淑人，也就是品德好的人，才能不好还可以换岗位，但是品德不好替换的成本就很高了。在初始团队里面，成员的品德或者人品非常重要。

不要找这两类人：一、不要找外企里面的高管，他们都是雅人；二、不要找创业成功的人，一般这类的人都会觉得自己很牛了，有过"曾经沧海”的人，对整个团队不好，他个人保持的成本高，改变的成本也高。

如果找不到一流的人才，只能找平常人，那你唯一可以做的事情就是聚焦，做事聚焦，关注点聚焦，决策也要聚焦。在创业的初期，要学会中心化，甚至独裁化，所有的权力、所有的思想都要聚焦在一个人身上，最好是一个人，不要两个人。因为创业的时候，资源是非常宝贵的，尤其是时间，如果你的对手比你快，抢先融资了，那你必然会很被动。

季琦在管理制度上有一个“三三制”的方法，以三个人为主，一个擅长进攻，一个擅长防守，一个擅长掩护，以三个人作为一个小组，因为打仗的时候没有互联网，也没有对讲机，只能自己独立生存。如果三个人中死了一个人，那就把其他打散的小组再形成一个新的小组，这点是季琦从开国元帅林彪身上学到的。在企业的布局上，他同样采用的是“三三制”：“一开始我将三个酒店合成一个酒店，三个酒店的销售一起做，后来我们就逐渐形成了以‘三’作为基本单位来管理业务。”

这带来了一个好处，首先是人力上省出了一笔钱，公司又可以拿着这笔钱雇佣更好的员工，比如原来是三个店长，经过这样的调整，就缩成了一个店长。“三三制”这个账算下来节省的成本有多可观，有心人一算便知。

◎ 共生法则：共生共赢也是打动资源主的一个重要杠杆

在季琦创业的过程中，有两个观点对他的影响十分深刻。

第一是“丛林法则”。很多人单纯地认为“丛林法则”仅仅是你死我活，弱肉强食，但在季琦这里，他却看到了“丛林法则”的另一面——“共生法则”。所谓共生，指的是大树要和苔藓、小草、灌木丛、鲜花一起生长。没有这些，大树的营养就没法来；这些小生物没有大树的庇护，也没法存活。

一棵参天大树，在成长的过程中，跟同类争夺阳光、雨露，失败者只能萎缩、折断、腐朽，最后，会在大树的周围形成一个多姿多彩、繁荣和谐的共生世界。当我们把视角放大，会发现一个社会其实就是一个多彩的共生丛林，所以，要做一个伟大的企业，就必须会和社会各态共生，自私自利、唯我独尊必然行不通。

共生共赢也是打动资源主的一个重要杠杆。每一个交往、交易、相处，都是共生原则的试验场，夫妻、父子、恋人、公司企业之间都是共生关系。学会共生，这个世界才会和谐。用这样的角度来看合作，就会心平气和许多。

第二是顺水推舟。所谓的顺水推舟，就是顺大势，不要指望一颗小石头能在汪洋大海中砸出惊天巨浪，这不现实。初创企业在前期最有效率的方法和渠道，就是顺着水势走，千万不要逆水行舟。比如，现在中国人创业时要把握的五大行业就是五个字：衣、食、住、行、娱。中国的优势是人多，中产阶级也多。同时，中央政府实行重商主义的政策，地方政府在招商上更是不遗余力，在税收、土地、资金等方面都会给予支持。

而今，中国移动、工商银行、腾讯、淘宝等已经是全球同行内最大规模的企业，这样的情形也必然会在电子商务、游戏、旅行预订、服装、餐饮等诸多服务领域出现，从基本的吃、住、行到进一步的消费升级，如果从这一块来创业的话，能够覆盖最基础的消费，赢得市场空间。对此，季琦建议创业者在选择创业方向的时候，一定要考虑两点：一、要选择贴近民生的行业，比如衣、食、住、行、娱；二、要考虑到消费升级。

◎ 创业者更需要精神与情怀

有人问过季琦，创办三家 10 亿美金级的上市公司，收获最多的是什么？季琦的回答是，携程让他实现了最初的财富梦想，没有了生活的压力，心态从此变得从容而淡定；做如家则让他经历了更多的磨炼，使其心胸更加开阔，学会了宽容和容忍；而做汉庭则让他看清了自己这一辈子的使命，明白了自己这辈子到底要什么。

到今天再看，做汉庭时的季琦与做携程和如家时的季琦已经有了本质上的变化，在做前两个企业的时候，他还远没有达到现在这种境界。回想当初，季琦说自己内心中是各种欲望：金钱的欲望、名气的欲望、个人成就的欲望。而在今天，季琦认为，所谓“去人欲，存天理”堪称至理，因为作为一个人，只有当你内心的欲望平静下来之后，你才能够更加明了和清晰地看到生命的本质和意义。

很多人认为季琦在创业成功后收获最多的应该是金钱和名声。但对于他而言，创业给他带来的收获绝不止财富自由与名声。季琦回顾自己的创业之路后总结道，创业者要多看人文的东西，多看哲学、历史、诗歌，等等，把自己的人文视野打开，找到精神归属，不断动脑筋去思考，想人类终极的命运，理解物理学的定义，开心的时候要学会用诗歌来表达，而不是靠卡拉 OK 去抒发。

有一次，季琦和雅高的一位创始人在北京后海边那家曾经拍摄过《非诚勿扰》的咖啡馆喝咖啡，当时季琦问他："你一生如此辉煌，有什么遗憾的地方吗？"

这位创始人回答说："一是觉得在从政上花的时间太多（此人曾经是法国参议员，还担任过枫丹白露市长）；二是事业上很成功，但在家庭上有些遗憾。"

季琦听完这番话后开始扪心自问："假如我也是一个 70 多岁的老头，坐在北海边，有位后生问我同样的问题，如果我也这么回答，我这一生挺悲哀的，我觉得我不该这么过。既然前辈能告诉我他这一路上的遗憾，我是不是能够做得更好一些呢？"

所以，当再有人问起他接下来的人生目标时，他道出了以下两点：

第一，和伙伴们一起，把汉庭做成全球最大也是最好的酒店集团，实现"一群志同道合的朋友，快乐地成就伟大的事业"的理想。

第二，过自己想过的生活，不以物喜，不为名累。

这个社会，这个时代，绝大多数人都觉得企业家是一帮跟金钱打交道的俗人，但事实真的如此吗？从季琦的身上我们或许可以看见，一个杰出的人之所以能超越平庸，获得让世人为之向往的成功，就在于他随着年龄的增长、事业的发展，其心态、人生观、价值观也会随之走向一条不断向上的通道。年龄的增长除了给一个人带来生理上的衰老，更多地会让这个人变得从容、淡泊、宽容和利他。也许跟年轻的时候相比，少了些冲动，多了些成熟和睿智，人在此时学会了真正的向善，懂得了什么叫单纯和简单。这是季琦认为自己在创业过程中最有收获、最有价值的地方，也是每一个成熟而杰出的企业家的共同心得。

分享——分享让人变得更强大

张磊：创业者别做打工者，那会颠覆你的企业

曾有人问过高瓴资本创始人张磊一个问题："当资本寒冬到来的时候，如何才能保证自己能活到最后？"这位中国"价值投资"的教父级投资人给出了一个很文艺的回答——"只要勿忘初心，苦练内功，重新回到事物的本质上，就不会害怕寒冬。"

◎ 创业投资首要的是诚实

在张磊眼中，创业与投资就好比男女结婚，首先最重要的是诚实。双方在约会期间，要把各种问题、缺点、优点、生活习惯说清楚搞明白，开诚布公，当然也别指望着谁能改变谁。希望创业者要更多表现出真实，是烧钱的模式就说是烧钱的模式，是高端精英路线就说是高端精英路线。要真实地表达自己，所谓同性相吸，千里马和伯乐终究能真正地碰到一块，除此之外，碰不上的就不要强求。

另外，创业者不是演员，不要在碰见投资者的时候为了投其所好，就一味地改变自己去迎合投资人。比如，有的投资人喜欢精耕细作，创业者就说他来自江南水乡；有的投资人喜欢大刀阔斧，创业者就说他生在西北荒漠。创业的频繁变动虽然会让他在前期融资做得很快，

但快到最后必然是会出现问题的。一个企业要发展起来有很长的路要走，投资者最不愿意看到的就是公司过早改变战略规划和思路。

话再说白点儿，**一个商业模式盈不盈利，可以赚多少钱，不是由创业者来决定的，而是由创业者给这个社会、给消费者创造了多少价值决定的。**所以张磊告诫创业者，“我们在前期宁可慢一点儿，把这个路线、思路、想法说清楚，双方了解多一些。但一定要将自己真实的一面表现出来，就像男女之间在前期接触的时候，不要每次约会都化那么浓的妆，什么都看不出来，等到将来看出来了，双方都会后悔”。

◎ 投资方永远是一颗红心两手准备

“我每次投资都是做一颗红心两手准备，冲着相伴终生的目的去的，但有时候你不得不接受现实。”

张磊说了一个故事。说从前有家企业是做先进制造的，是家很好的企业。作为投资方的张磊团队做了大量的调研，在他们喜欢的这个行业，这家公司几乎符合了他们分析时的所有模型。这位企业家也很优秀，和他们交流时账面清楚、目光长远，双方谈完之后几乎就想立即定下终身。

但后来这位企业家很不幸地遇到了全世界著名的投资银行，投资银行天天带他参观各种各样的国际企业，并在2007年金融危机前，成功地鼓动了他在最高点进行了跨国并购，最终他并购了一家意大利的公司。他以为投资银行会与他共进退，免去了后顾之忧，但是仔细看了条款才发现了一些问题，当时要不是有资金的支撑，好好经营的企业就差点儿破产了。

关于这个故事，张磊认为，人是会变的，要多做准备；大环境改变不了，争取营造小环境；永远不要低估每天存心要跟你做交易的人，有些人以交易为主，就喜欢买卖拆分，在任何时候都要警惕这些人。

◎ 坚持做长期事业的创业者，路会越走越宽

张磊给创业者的建议是以史为鉴。朱元璋“广积粮，高筑墙，缓称王”的战略在创业圈中是很受用的，换句话说，创业者没必要还在做 A 轮的时候就让全世界都知道你有多牛，或者认为要做成怎么样怎么样。在这个时候你要做的就是不断地思考，想清楚你的护城河在哪里。你每天所做的工作，是在拓宽你的护城河，还是在减小消耗你的护城河？“真正的护城河”是能够长期创造最大价值的，而且是用最高效的方式和最低的成本来创造最大价值。

至于怎么创造这种价值，这在不同的环境和时代是不一样的。在美国，20 世纪 50 年代，品牌是最大化也是最快创造价值的“护城河”，而随着互联网对品牌的冲击，品牌价值的护城河已不再是最高效的方式，因为有人说在网上通过意见领袖创造价值效率会更高。

这个世界永恒的只有变化，护城河也不可能不变。优秀的公司是当互联网大潮袭来时，能够深挖自己的“护城河”，主动拥抱互联网带来的变化。如果一家企业亘古不变，那这家企业就永远不值得投资。

从这个角度看，政府保护类型的“护城河”是非常脆弱的，这类“护城河”随时都有可能崩溃。真正牛的“护城河”是具有伟大格局观的

坚定实践者去挖造的，这些人能不断地根据变化做出反应。那些赚快钱的创业者，会逐渐发现他的路越走越窄，而坚持做长期事业的创业者，他的路才会越走越宽。

◎ 真正的投资者会寻找与最好商业模式契合的最好创业者

“一个伟大的企业家并不是看每个人都是竞争对手，有的人看每个人都是竞争者，每天生活在焦虑中，当然不失为一种驱动力，但这种驱动力从心理上、精神上、肉体上都是不可持续的。”

在张磊看来，所有伟大的企业家之间既是竞争对手，又是合作伙伴，他们有非常开放的精神，对竞争对手和消费者有极强的同理心，有极大的格局观。大格局观的企业家愿景远不同于简单地赚取短期利润，一个卖商品的企业家不能光想着我的生意是卖商品，应该想我的生意是创造幸福。

张磊认为，投资的关键并不是项目，而是投人，所以他要求企业家不仅要有格局观，还要有执行力、对变化的敏感，以及对事物本质的理解。这种人很难找，大部分人都是在某一时期某一方面会很擅长，但有的人能够通过和外面的交流让自己得到提升。那么投资者是如何找到这些优秀的企业家的？他们采用的是研究型模式，就是通过研究发现哪个是最好的商业模式，然后再寻找与最好商业模式契合的最好创业者一起发展。

张磊举了个例子。2008 年张磊团队研究中国消费品升级，那时很多基础消费品品类都被跨国公司占领，如宝洁、联合利华就占领了绝大部分家用洗涤市场。但张磊看到，这些跨国公司本质上都有着沉重的历史包袱，无法抓住中国消费升级的趋势，于是他们就找到了当时做洗手液的蓝月亮公司创始人罗秋平，鼓励他做洗衣液。

到今天为止，高瓴资本依然是蓝月亮唯一的外部投资人，而且高瓴资本在初次投资蓝月亮的时候，蓝月亮本身就处于盈利状态，那时张磊团队鼓励罗秋平，不要赚短期的钱，要勇于进入新的品类，打败跨国公司，变成中国洗衣液的第一名。罗秋平也看到了变化，并抓住了变化，此后，虽然蓝月亮一度从一个赚钱的公司先变成亏损的公司，但这只是短期的亏损，到今天为止，蓝月亮的盈利收入已经是原来的10倍。

张磊团队对蓝月亮的深入研究使得他们拥有容忍短期亏损的能力，从而带来更大的格局。在张磊看来，创业者的梦想与张磊团队的理念的完全一致，才使得大家在一起做出了一番事业。

此外，张磊也指出，有的企业家可能在某个领域内受不同的人影响，突然在某个时间点不再把追求企业价值的最大化作为目标，想去赚快钱，或者想选择更安逸的生活，这都是可以理解的。但重要的是大家要彼此坦诚，换句话说就是：“如果有了别的想法，请你及时告诉我。”

◎ 高明的投资者投资未来和变化，而不是垄断带来的超额利润

很多传统企业与其一直把互联网作为工具，用各种各样的姿态来拥抱互联网，还不如回到基本面上想想：消费者到底要的是什么？我怎么增加价值？从基本面上看，谁最能理解消费者、发现消费者的需求，

甚至在某种程度上引导消费者的需求（因为消费者不知道自己想要什么），谁就能在市场上突飞猛进。

还是拿张磊投资的蓝月亮公司来举例。洗手液、洗衣液是非常普通的家居用品，但创始人罗秋平的可贵之处就在于，他一直在想消费者需要什么。在一次研讨会上，张磊曾问他："你的动力是什么？"张磊希望他能给出一些高大上的回答，但罗秋平却很认真地看着他回答道："我希望每天看到衣服更干净一点儿。"由此可见，罗秋平是真正发自内心地想改善和提高消费者的体验的。

不管是产品的属性还是销售的属性，只有回到本质上来讨论问题，才能真正地创造价值。换言之，在互联网时代，传统企业更需要回归基本面，当一个企业创造了价值以后，销售利润和市值都会跟随而来。

从长期合作的角度来看，投资人与企业家之间形成良性、长期伙伴关系的关键，是各自都摆正自己的位置。投资人一方面要避免在公司运营上介入太深，另一方面，也要用通过深入研究形成的战略、格局、观点来帮助到企业。回顾过往的创业经历和所见所闻，张磊总结了一点——一个非创业者的公司是不能走得很远的，当最初的创始人因为投资人的介入而失去创业者心态，变成打工者时，这个企业就离被颠覆不远了。

在当下这个时代，每一个企业家都需要用更开放的眼光看待他所遇到的问题。除了吸收投资人的建议以外，企业家还需要多找一些没有利益冲突的第三方来考量他所遇到的问题。总体来看，企业圈其实不大，做企业的人在其中，相互之间其实更需要多点儿感恩，多点儿同理心。

就像前文中说过的，这个世界永恒不变的只有变化本身，变化催生创新，所以高明的投资人都会去投资变化，而不是投资于垄断所赚取的超额利润。因为垄断从基因角度来看，并不能形成创新，只有不断地迎接、拥抱创新，才能形成一种善意的价值创造，形成让蛋糕更大的、开放共赢的局面。

我们生活在一个伟大的时代，一个激动人心的时代，那么我们要怎么对这个时代进行感恩呢？一如张磊选择用坦诚的一片心来拥抱这个时代、重仓人才、投资未来一样，这是文章开头他那个文艺答案的来源。创投圈是一个充满机遇的地方，当创业者做好准备的时候，他就会发现一件神奇的事情降临：那就是幸福来敲门。当幸福来敲门的时候，夫妻俩一定要在家，这样才能一同绽放。

文化——三流企业人管人，二流企业制度管人，一流企业文化管人

Facebook：从问题中看见自我，在成功里找寻特质

“一个公司的基因不像人的基因那样，看得见摸得着。企业要成长，基业要长青，就一定要有自己的文化基因。”对于企业文化，Facebook创始人兼首席执行官马克·扎克伯格如是说。

创业过程中，随着公司规模的壮大，对企业文化进行布局就成了每一个创业者必须考虑的环节。因为企业文化能够帮助创始人培育和发现有着共同价值观的同行者，使团队目标一致，更有凝聚力。一个企业越早开始思考企业文化，就会越早为未来发展打下更加坚实的基础。而在这当中，创始人作为团队核心，其自身特质就会成为增强企业竞争力的优势，所以在定义企业文化前，创始人能否认清自我特质就变得至关重要。

◎ 从问题中看见自我

2008年，莫莉·格雷厄姆正式加入Facebook。当时公司正处于创业早期，只有400名员工，却服务着8000万个用户，这样的忙碌使得公司从上到下都没有时间去思考企业文化的问题。但随着公司规模的

不断扩大，从扎克伯格到格雷厄姆，公司高层都开始对Facebook的内部文化进行思考和探索。

格雷厄姆认为，随着企业的不断发展，企业会将创始人自身的特质毫无保留地反映出来。所以，**创始人想要定义企业文化，首先要认清自己，除此之外，其他的团队成员也应该加入到对创始人本身特质的探索和认知中来。**

关于创始人应如何认知自我，格雷厄姆给出了这样一个建议——向自己提问，这也是企业创始人的一次关于自我认知的练习。

那么如何向自己提问呢？格雷厄姆给出的问题模板如下：

一、我的优势是什么？

二、我做什么比较出色？

三、是什么让我区别于身边的其他人？

四、我一般用什么来衡量、评估身边的人？

五、我身边的朋友或者与我亲近的人，他们的共同特点是什么？

六、什么样的人会把我逼疯？这些人有怎样的特质或品格？

七、我如何做出最好的决策？（想一想最近一次做得最好，收益最多的决策，我是怎样一步一步完成这个决策的？）

八、我不擅长什么？

格雷厄姆认为领导者越早想明白这几个问题，就越早能利用这些品质来形成自身独特的商业观念，并以此来增强企业竞争力的优势。拿第五条和第六条来说，这两条所指的，其实就是一个团队中的员工组成问题。领导者在考虑雇用新人的时候，一定要想明白一个问题——我跟什么类型的人能够友好相处，以及我不能跟什么样的人相处。

这两条中，前者是底线，决定了一个团队中员工具有的普遍性特质，后者则是上限，决定一个团队对于某些极端问题的包容度。可能在很多人看来，这两条无形中限制了团队的包容度，并使得人员流向变得极其狭隘。但其实不然。

所谓物以类聚，人以群分。朋友跟工作伙伴虽然是两种不同的角色，但两者间其实存在着很大的相似之处。特质相近的人群在一起做事首先能够快速地达成共识形成稳定的向心力。同时，当人群规模稳定之后，企业文化就能很快地贯彻下去。由此，一个企业的独特性便自然而然地产生了。当然，所谓人以群分也并不是“顺我者昌”式的绝对排他，因此，在团队中划定一个上限，在上限之下，允许不同的意见和看法自由发声，由此，一个规则与自由并重的团队就自然而然地产生了。同时随着团队规模的扩大，团队文化对于新鲜血液的改造能力就会越强，就像一个生命体的成长一样，一旦在底线上限之间找到合适的中间点，这个生命体就会随着自身的成长而不断呈现出强大的学习能力与生命力。

而第八条的“我不擅长什么”，则是一个领导者思考公司文化和引进人才的出发点。领导者找到自己的短板，向自己提问，是企业管理中必不可少的环节。如果一个领导者每天“朝五晚十”，没有时间考虑文化的事，那么领导者就处于“缺位”的状态之中。所以，利用一切碎片时间来向自己提问，并一一作出解答。要知道，你列出的这些优点将来必然会为公司的发展添砖加瓦，而那些缺点将会提醒你避开一些看不到的雷区。当你已经把身边的好友中的人才笼络过来的时候，你可以重新拿出它，再做一次。这一次，你可以通过这些问题来弄清楚另外一个问题——怎样高效地与陌生人共事。“如果你觉得自己不擅长管理，那么你应该雇用一个擅长管理的人。当你发现了自己的短板，你要做的就是找到一个弥补你短板的人！”

◎ 用一个词来定义你的企业文化

“当你列出一份清单，回答了上述问题之后，你就有了一堆形容词在手，可以用来形容你公司的个性，它擅长什么，不擅长什么，它哪里需要改变，你想要与什么样的人共事。下一步，你该拿这些形容词怎么办呢？你怎么能确定这些形容词能够帮助公司带来收益？”

格雷厄姆认为，从公司文化的外向层面来看，企业领导者要思考的应该是：“媒体平台会在两年之内怎样描述和传播我的公司，会写出怎样的公司文化？”

Facebook 在早期便确定了“黑客”这一企业文化标签，但据格雷厄姆回忆：“那时我把早期员工召集在一起，将他们分成小组，问了他们一个问题：当你谈论 Facebook 时，你通常会用到哪些词？他们说了很多，但‘黑客’这个词始终没有在讨论中出现过，而我们明明已经把这两个字写到了公司的每一面墙上，却始终没有一个人用它来形容 Facebook。”

在 Facebook 的公司文化里，“黑客”并不是大众眼中那种饱含贬义的词汇，Facebook 的“黑客”是一种“应用哲学”的体现，即“能够快速打破规则，实现新的命令的人”。这个词不只适用于软件工程师，任何人都可以用它来加速专业技术或项目进程。所以如果要用一个词来定义 Facebook 的企业文化的话，“黑客”就是唯一的那个。

另外，关于描述企业文化，格雷厄姆还提醒道：“当你在写形容公司的关键词时，会很容易写出一堆陈词滥调，所以不要重复所有公司都在讲的事情，要尽量避免类似‘创新’‘影响力’这类字眼。因为只有当你乐意冒险时，你才能写出独特的故事。”

◎ 创始人花十分钟正视自己，就能找到你的企业文化

关于公司的人才筛选机制，格雷厄姆说起了当初 Facebook 招人时碰到的一个现象：“我们绝大多数的招聘信息在对外发布的时候都有一个问题——职位描述都极其不合实际，这些描述想达到一种让每个人看了都产生‘太棒了我绝对够格做这个事情’以及‘我要申请这个工作’的想法。之所以如此，是因为这些职位描述，实际上是在向职位候选人抛售一种‘想要工作’的想法。”

发现这个问题之后，公司 HR 开始进行调整，调整后的招聘信息从“诱惑型”变成了“针对型”，即“只为一个人进行职位描述”。换言之，就是详尽地描述一个职位信息，精确打击，让人群中的那个百分百符合职位要求的人看到，然后过来应聘，而剩下的人看到这份职业描述后就会明白“我不适合这份工作”。

在制定公司文化的时候，这样的方式也同样适用。当你有一个详细的、有争议的公司故事的时候，一种清晰的生存环境就会逐步形成，你能真正引导很多事情朝向正确的轨道发展。这个故事不必太长，可以是几句或是一段话，或者是几个价值点。但在这个故事中，领导者

或创始人必须讲清楚一个问题，就是“我们这个公司必须要做什么和必须不做什么”。

2006 年，扎克伯格思考公司文化的时候，用十分钟的时间列出了一个清单，清单上有如下几个条目。

一、超高的智商

二、超强的目的性

三、强烈的成功欲

四、争强好胜

五、完美主义者

六、喜欢改变和颠覆事情

七、总有新点子，知道如何把事情做得更好

八、正直可靠

九、被优秀的人包围着

十、注重在原有价值之上创造新的实际价值

这份清单随后就被他扔进了抽屉，然后在 2009 年，他又把这份清单拿了出来，那时，他正打算重新定义 Facebook 的公司价值。扎克伯格自己曾坦言，这份清单不只是对 Facebook 早期文化的简单描述，也是对扎克伯格自身特质的一个精确形容，于是这份清单再加上 Paul 对“黑客”文化的诠释，创造出了现在的 Facebook 背后的文化与哲学。

◎ 创始人必须把公司文化挂在嘴边

“把公司文化一直挂在嘴边，这是一个企业创始人必须做的事情。”

之所以这样说，源于创始人或领导者在一个团队中的核心影响力。以Facebook为例，假如扎克伯格在某一天的某个会上说了一句话，那么第二天这句话就可能会出现在公司的墙上。

创始人的讲话对于公司而言，就像把一颗石子投进池塘，会立刻惊起一圈圈涟漪——公司上下会立刻开始重复这些话。

绝大多数企业创始人和领导者都要铭记，文化不是讲一次就可以扔掉的东西，它必须在每一次会议、每一封内部邮件，甚至是每一次对外交流中频繁地出现，即使是管理层，也要把企业文化当作日常工作中的重点部分，这样才能使企业文化贯穿公司上下。

当然，公司文化并不是一成不变的。创始人与领导者塑造了一个公司文化，同时也必须不断去发展和改进。一个公司在发展过程中必然会有很多机遇与挑战，这些东西都会使文化出现发展和改变。在这个过程中，领导者必须时时注意，因为也许两年前定下的企业文化在现在已经不再适用了。

Facebook在早期曾将“快速发展，打破束缚”作为企业发展的核心原则，而随着时间的推移，虽然如今的Facebook并没有丢掉这点，但是这句话原本的意义却已发生了改变。最初，这句话的含义是：“捆绑服务器我们才能快速发展，或者，偶尔挂掉了也没有关系，因为我们在尝试一些伟大的想法。”而随着两年的变化发展，如今的Facebook的用户量已经增至5亿，“捆绑服务器”的发展战略已不再适合如今Facebook的用户规模，所以“快速发展，打破束缚”所代表的，其实是今天的Facebook在长期发展上所具备的现成的竞争优势。

CHAPTER 10

格局：越孤独，越自由

真正的领袖，需要好学如痴、“杀人如麻”、爱才如命、“挥金如土”

野心——生存就是干掉强者

王煜全：如何在人工智能领域干掉巨头

在近几年，人工智能的概念像潮汐一样一波波来又一波波退却，每一次高潮都是因为有一个新技能让人工智能向人脑更靠近了一步，而那一波波的退却，也是因为每一次的突破都仅仅是一小步，并没有带来突破性改变。但今年人工智能的大势开始有了明显不同，因为技术的进步使得人工智能更像一个拥有学习能力却没有情绪的三岁的孩子，而这一突破，足以带来影响投资趋势的爆点。

当然，虽然人工智能已有了这么大的突破，但在 Frost Sullivan 中国区总裁王煜全眼中，人工智能与人类智能仍然存在着不可逾越的三大差距。

首先是人工智能在创造力上的缺失，人工智能的所谓学习能力，其实是一种在现有信息上的高效合成能力，在创造力的开发上，人工智能还没有找到切入点。

其次，人能同时综合处理多项复杂信息，而现在的人工智能仅能处理单项信息。比如，人在判断股市时并不只是看某一公司的股票指标，而是需要综合考虑宏观经济、房市、政治等因素。但迄今为止人工智能在综合处理方面的能力还差得很远。当下人工智能每一次的技术突破都使它在单项上更像人，但也仅仅是在处理单项事务上，而人最大的优势，是能同时学习处理N件事。

最后，人类本身的未知能力是人工智能无法取代的，迄今为止，在人工智能与人对比的过程中，都是以人已知的能力为标准，但是，人类的全部能力已经开发殆尽了吗？还是说还有很多尚未开发的能力在等待人们去发掘？王煜全认为，未来，人很有可能在被机器替代掉了许多已知能力后，将其未知能力显现出来。

这些年来，创投圈的人工智能的投资潮可谓几经波折，人们也对人工智能的开发投资提出了一个疑问："人工智能会像O2O一样变成下一个产业泡沫吗？"王煜全认为，泡沫必然会有，但风险投资就是玩泡沫，没有泡沫就意味着这个趋势的成败是已知的，那就没有风险投资什么事了，反倒是适当的泡沫还能提升整个行业的效率。

这番话实际点出了风险投资的本质，风险投资的项目十个有九个会死，所以风险投资就是赌眼光，而实际上这种泡沫会提升效率，因为当一件事情事先不知道结果时，用一个类似赌博的机制就可能产生出更好的选择。

◎ 人工智能领域天生就是大公司的战场

人工智能的创业投资机会多吗？其实并不多，因为这个领域存在着较之其他领域更严重的"大公司垄断"的现象，就像在美国，人工智能中的深度学习机制及算法，基本都已被大公司垄断了，甚至许多大学教授都被迫加入大公司（因为学校没有资金供他们做研究）。大公司为什么能进行垄断？原因很简单，就是人工智能目前依然处在尝试和探索阶段，这种尝试和探索的成本是很高的，一般的小公司根本玩不起，一旦初创公司进入，迎面而来的就是这两个问题：

一、硬件问题

当下市场上做人工智能芯片的公司并不在少数，而这些小的芯片公司能否活下去取决于什么呢？并不在于他们的技术是否领先，而是他们能否在恰当的时间里被大公司并购。今年全世界最著名的技术团队莫过 AlphaGo，而这个原本独立的团队也是在被谷歌收购之后，才有了继续进行技术发展的成本且有了后来的名声大噪。

要知道，初创公司与大公司的区别并不光是钱的问题，大公司有一个强大的产业链可以依靠，而且他们会不遗余力地扩大整个生态系统，这是一个 20 多人的小公司可望而不可即的。硬件的赶上必然需要超强的产业能力作支撑，而小公司往往不具备这样的能力，所以，可以这么说，人工智能天生就不是小公司的主战场。

二、软件问题

关于软件问题，王煜全打了这样一个比方："我有一个特好的朋友曾是微软最牛的几个技术人员之一，他早早地出来创业做了一个智能操作系统，坦白讲，我觉得比安卓要好，但至今他也没能做成功。因为客户会说你的操作系统就是不给钱也不敢用啊，出了事算谁的？谷歌出了漏洞一定算谷歌的，但一个 20 人的小公司出了事呢？换句话说，假设我这个硬件公司的产品每个硬件成本是 500 块，以 1 万部计算，总成本就是 500 万，而你的软件成本可能是 1 万，软件扩张的成本为 0，如果我所有产品都装你的软件，等于就是让我用 500 万赌你这 1 万块，我怎么敢赌？”

虽然现在各行业的科技成果都很厉害，但关键问题是各个行业对创业者的机会是不均等的，有些行业天生为创业者而设立，但还有些行业则天生是大公司的天下。

那是不是意味着创业者在人工智能领域中就完全没有机会了呢？也不是。王煜全认为，创业者要想在这个领域创业成功，就要结合行业去那些缺少人工智能技术的行业里深挖行业数据。未来，随着人工智能的发展，我们的社会与人类生活中必然会诞生出新的行业，比如当下著名的 data hunter（数据猎人）这个行业。把住未来的风向，如果你的创业能成为未来的新行业，那你就能快人一步，占尽先机。

现在大多数人都懂人工智能可以做什么，不懂的是各行业有什么数据能与人工智能结合并创造价值，比如会展行业有什么数据？农业有什么数据？机械加工行业有什么数据？如果 data hunter 能深入各个行业去研究这个行业有什么数据、怎么采集、怎么生成、能不能拿来用、怎么用等一系列问题，处理完后就可以用它来进行控制。

聪明的创业者永远不会在自己还没成熟的时候去挑战巨人，而是采用“农村包围城市”的策略，因为越是靠近“农村”的地方就越缺能战斗的人。创业者要到自己相对优势高的领域去创业，而不是选择去自己相对优势弱的领域。

◎ 抓住这一点，后来者就能打败巨头

众所周知，用成熟的技术来创业会降低创业的成本和难度，但同样的，对你而言成熟的技术对别人也是成熟的。在中国，一个技术或一个模式出来，就会有一堆人复制。因此通用技术没有办法成为竞争的壁垒，没有壁垒的事情，一定是大公司做得更好，因为他们有完整的团队以及雄厚的财务支持。

那么，创业者到底该做什么？该选什么武器？周鸿祎说："作为创业者，我会选择 AK-47。"但事实上，AK-47 毕竟是老武器，适合老鸟使用，对新人来说可能就会显得十分勉强。对初创企业的创业者而言，一个最优选择无疑就是——制导武器。

今天的年轻人拥有的优势就是新技术、新东西和新方法，这是老一辈们的短板，而这就是机会。**创业者打败成功者的唯一机会，就是面向未来做赌博，因为那些创业成功的人有一个普遍的心态——不敢赌。**换言之，作为初创企业，在与大公司竞争的过程中要守住两点：第一是心态，不要对大企业有畏惧心理；第二是战术，不要在巨头的围墙边做微创新，而要自己在"农村"慢慢做出自己的优势。

有些人可能会说："'农村'什么都没有，我怎么去做？"但请问，那些流着油水又被大公司占据的地方，你能插得上手吗？对人工智能领域的创业者来说，先进科技是唯一的赌本，你不一定是先进科技的开发者，但你可以是先进科技的掌握者和利用者，然后通过叠加业务模式，再加以放大。

就像早在二战前，英国人就发明了坦克，但他们只是将坦克作为补漏阵地缺口、消极防御的武器，德国人在一战打败后发现坦克是个好东西，后来就发明了闪电战。如果没有先进科技，思想就是零，如果用零乘以互联网，结果还是零，但如果你用先进技术乘以互联网，得到的将是极为放大的效果。

当下有不少创业者在互联网思维上或多或少都是被误导了的，他们只关注互联网思维，而事实上，没有业务的互联网，就是“耍流氓”。对于创业者来说，时机的掌握非常关键，判断出台风什么时候来是非常难的，绝大多数人都是在台风来的时候才能判断出来。

现在智能机器的特点是思维成熟了，但是行动还未成熟。微软小冰、Siri、淘宝客服、银行微信客服账号都是人工智能，这是软的部分，硬的部分很难做出来。另外一个特点是理性成熟了，解决问题的逻辑分析没问题了，但感性还未成熟，未来就好比人和人的感性交流。

创业者们需要看到，“个性”有时候要比“通用”好得多，所以，要重视应用场景，更要创造一个有明确需求场景的应用。

◎ 投资人只赌技术不赌人

投资人在投资的时候首看技术还是首看人，在这一点上各有不同，在王煜全这里，人是首要评判标准。因为在他看来，人是持续性的存在，而技术是投资的先入门槛，同样，他现在在美国投资的多是技术主导型的创业项目。

总体来看，以人为首要考量的投资者，一般都会注重以下三个方面。

首先，是否专利优先。与国内的环境不同，美国的高科技尤其是硬科技都是有专利的，壁垒很强且可评估，一旦你在技术上有了专利，那你就占据了绝对的优势。

其次，商业化市场足够大，高科技领域的项目有较大的市场潜力，很多科技能够被商用化，但商用化了以后市场潜力一定要足够大。

最后，有没有生产出产品，现在大多数创业项目都被分为天使轮、VC 轮、PE 轮。没有收入率验证模型的阶段叫“天使轮”；有收入或者至少有用户增长了叫“VC 轮”；公司能实现利润且利润开始增长，基本能上市了则称为“PE 轮”。但这都是从投资人的角度去想问题的，未来，这些轮次必然会被颠覆掉。

在美国，高科技领域的创业项目一般分为两个阶段：一是无产品阶段，科技产品一直在研发，这一阶段没有收入，全在赔钱；二是产品研发出来以后，收入率就呈现爆炸性增长趋势，因为有了产品后公司就要开始玩儿命地卖了。

美国高科技项目的产品在研发出来之前一直都是赔钱的，因而估值不会太高。产品一旦研发出来后，公司估值会迅速上升，所以，通常在它拐点出现之前（也就是产品研发成功两年前）投资最是理想。

◎ 成功创业者的基础素养是什么？

“有人说我比较擅长逆向思维，其实不是，我并不是追求说出一些‘和大家不一样但似乎正确的话’，我只是在追求真理，也就是追求事实背后的真相。”

在经营界，了解真相本身其实非常困难。就像一个企业，成败往往是多因素造成的，但人们常以成败论英雄，也就是这件事做好了就全好了，那件事做不好就全不好。马云当初分拆蚂蚁金服的时候一片骂声，上市成功了又一片鲜花。实际上呢，一个公司的成功和失败都是有好有坏的，而我们要习惯将它拆开并慢慢接近真相。此外，创业者们要明白，未来的世界是概率性思维，再有把握的事情也只是概率相对较高，不会保证百分之百成功。

从创业的角度来看，马云的成功有没有概率？一定有，所以概率是什么？纳西姆·尼古拉斯·塔勒布 (Nassim Nicholas Taleb) 在《黑天鹅》这本书里提到：“我的商业如果不成功也别沮丧，未必是我的策略错了，可能是概率造成的，那么我就要进一步去坚持，可能重复几次就会大大降低失败的概率，最后我成功的可能性就会提高。”

从社会和产业的角度看，创业有其必然趋势，但从个体创业来看，又有它强大的概率因素，很多时候概率性会超过必然性，甚至形成一个时间很长的逆向潮流。有时你认为某件事是对的，但错的东西却能持续时间更长，以致最终把你拖死，那所谓对的事情又有什么意义呢？这就要求创业者们得足够灵活：在保证大方向明确的同时，还要知道有些地方的水有多深，以至于你不顺着它走会被淹死。

让人去主动承认自己的不理性与荒唐是非常困难的，但这恰恰是非常有必要的，对此，王煜全给创业者们提出了建立自身知识体系的三点建议，这也是每一个创业者必备的基本素养，这三点是：一、承认自己的无知，养成核实事实的习惯；二、不要偷偷地预测并琢磨一些事情，要大胆地将自己的观点说出来，将自己暴露在阳光下，你的失败就会格外刺眼，这样你才有动力去研究和克服失败；三、时刻更新你的知识体系，世界上唯一不变的就是变，人的进步就是在不断将自己的认知系统推翻和重建的过程中获得的。

激情——不疯魔不成活

稻盛和夫：企业家没有极度的渴望，就不可能成功

企业家一般都具备怎样的人格特质？世界著名实业家、哲学家稻盛和夫认为：凡是功成名就的人，毫无例外地都是通过不懈努力，历尽艰辛，埋头于自己的事业，才取得了巨大成功。通过艰苦卓绝的努力，在成就伟大功绩的同时，他们也塑造了自己完美的人格。

◎“极度认真地工作”将真正改变一个人的命运

“认真与勤奋，这是每个人都向往而每个人在感性上都不愿接受的东西，毕竟人的天性中就包含了惰性的部分。”说到这里，稻盛和夫自己也笑道，“原本我也不是一个热爱劳动的人，而且我曾经认为，在劳动中要遭受苦难的考验简直是不能接受的事。小时候父母常用鹿儿岛方言教导我说：‘年轻时的苦难，出钱也该买。’而我总是反驳说：‘苦难？能卖了最好。’可见那时的我还是一个出言不逊的孩子。”

对于“通过艰苦的劳动磨炼人格、修身养性”这样的说法，稻盛和夫过去也同现在大多数年轻人一样不屑一顾，但这种不屑一顾在他有了第一次沉浸于工作的经历后便不复存在。

当时大学毕业的稻盛和夫被分配到日本一家制造绝缘瓷瓶的企业

"松风工业"上班，这家企业原本是日本行业内颇具代表性的优秀企业之一。但可惜的是，稻盛和夫入职的那会儿，企业已经在下坡路上滑行许久，到了濒临倒闭的地步。

那时同期入社的一批大学生在刚进公司时便觉得"这样的公司令人生厌，我们应该有更好的去处"，稻盛和夫则是这批人中牢骚怪话最多的一个。入公司还不到一年，同期加入公司的大学生便相继辞职，最后留在这家破公司的除了稻盛和夫外，只剩一位京都大学毕业的高才生。二人商量后，决定报考自卫队干部候补生学校，幸运的是，两人双双考上。

但因为入学需要户口簿的复印件，稻盛和夫写信给鹿儿岛老家的哥哥，请他寄来，等了很久却毫无音讯，最后那位同事一人进了干部候补生学校。后来稻盛和夫才知道，当时哥哥认为家里节衣缩食把弟弟送进大学，多亏老师介绍才进了公司，结果弟弟不到半年便要辞职，实在是忘恩负义，气愤之余拒不将复印件寄过来。

所以最后只剩稻盛和夫一人留在了公司，究竟是离开公司还是留在公司？烦恼过后的稻盛和夫下了一个决断，正是这个决断让他迎来了"人生的转机"。

"被逼到这一步的时候我反而清醒了，要辞职离开公司，总得有一个义正词严的理由吧，只是因为感觉不满就辞职，那么今后的人生也未必就会一帆风顺，而当时我还找不到一个必须辞职的充分理由，所以我决定：先埋头工作。"

不再发牢骚，不再说怪话，稻盛和夫把心思都集中到当前的本职工作中来，聚精会神，全力以赴。自那时起，他才开始真正发自内心地以积极态度来面对自己的工作。

“那时我工作的认真程度，真的可以用‘极度’二字来形容。公司里我的任务是研究最尖端的新型陶瓷材料，我把锅碗瓢盆都搬进了实验室，睡在那里，昼夜不分，连一日三餐也顾不上吃，全身心地投入研究工作。这种‘极度认真’的工作状态，从旁人看来，真有一种悲壮的色彩。”

同时，因为尖端的研究必然不是光用死劲儿就可以的，因此稻盛和夫订购了许多刊载有关新型陶瓷最新论文的美国专业杂志，一边翻辞典一边阅读，还到图书馆借阅专业书籍。

关于学习，稻盛和夫说自己往往是在下班后的夜间或休息日抓紧时间，如饥似渴地学习、钻研，而成果就是在这样的碎片化的学习过程中产生的。一个不到 25 岁的毛头小伙子，因为自身的潜心研究，竟在不久之后取得了数次出色的科研成果，一举成为无机化学领域崭露头角的新星。与此同时，进公司后要辞职的念头以及“自己的人生将会怎样”之类的迷惑和烦恼，都在废寝忘食的工作中奇迹般地消失，不仅如此，稻盛和夫也因此而产生了“工作太有意思，太有趣了，简直不知如何形容才好”的感觉。这时候辛苦便不再被当作辛苦，他开始更加努力地工作，周围人们对他的评价也越来越高。

“在这之前，我的人生可以说是连续的苦难和挫折，而从此以后，我的人生在不知不觉中步入了良性循环。不久，我人生的第一次‘大成功’就降临了。京瓷上市时，我所持有的原始股还一股未抛，而发行新股所获的利润全部归公司所有。”

工作最重要的目的在于通过工作来磨炼自己的心志，提升自己的人格，就是说要全身心投入当前自己该做的事情中去，聚精会神，精益求精，这样做就是在耕耘自己的心田，可以塑造自己深沉厚重的人格。这是稻盛和夫在这次成功后获得的认知，而这一认知也在他往后数十年的从商岁月中深刻影响着他。

◎ 世事无常，想成功唯有誓不罢休

说到创业信念，稻盛和夫坦言自己真正明白创业成功的关键，是源于他曾经听过的一场松下幸之助的演讲。“40 多年前，我第一次有幸聆听了松下幸之助的演讲。当时松下先生并没有像后来那样被神化，我也不过是一个无名中小企业的经营者。那场演讲过后我如遭电击，既茫然若失又惊叹不已，因为松下先生的话让我看到了真理，那就是内心不渴望的东西，它不可能靠近自己。”

当时，松下幸之助的演讲内容是著名的“水库式经营”。即一旦下大雨，未建水库的河流就会发大水、产生洪涝灾害，而持续日晒，河流干涸水量又会不足，所以，建水库蓄水，可以使水量不受天气和环境的左右并始终保持一定的流量。经营方面也一样，景气时更要为不景气时做好储备，应该保留一定的后备力量。

听了这样一番话，当时聚集着数百名中小企业家的会场里，不满意的声音像波浪一样传播开来，因为水库的重要性大家都知道，但摆在人们面前的难题是——如何才能建造水库？

等到演讲结束，答疑时间开始，有个男士立刻站起来提出质问：“如果能够进行水库式经营当然好，但现实中明显是不能的。若不能告诉

我们怎么样才能进行水库式经营的办法，那还值得说吗？”

对于这个质问，松下幸之助露出一丝苦笑，解释道：“那种办法我也不知道，但我们必须要有不建水库誓不罢休的决心。”此时，全场哑然失笑，几乎所有的人都好像对这个不是答案的答案感到失望。

但稻盛和夫既没有失笑也没有失望，因为他看到了答案——“世事常不遂人愿，因此唯有誓不罢休，抱着粉身碎骨的热情与决心，才有可能实现内心真正的渴望”，这就是“誓愿”的重要性。

修建水库的方法因人而异，不能千篇一律地告诉他人如何做，但是，首先必须树立信心修水库，所以信心是一切的开端。

稻盛和夫认为，若没有强烈的愿望，就“看不到”办法，成功也就不会向你靠近。无论是谁，人生就如你内心描绘的一张蓝图，而愿望与信心就是一粒种子，是在人生这个庭院里生根、发芽、开花、结果的最初的也是最重要的因素。稻盛和夫碰巧在松下幸之助的踌躇的嘟哝里感觉到了时隐时现贯穿他人生的真理，而且在后来的现实人生中，他也一直将其作为真实的经验准则，学习它，掌握它。

“这种愿望不是那种漠然地想‘如果能够那样就好了’，这是幼稚的妄念，每一个真正成功的人都是怀抱有强烈愿望的人，他们渴望着，废寝忘食地思考着，浑身上下从头到脚都充溢着这个愿望，好似身上皮肤划破后流出来的是‘愿望’而不是血。这是他们事业成功的原动力。”

◎ 做企业，不疯魔不成活

“具备同等能力，做出相同程度的努力，有的能够成功，有的却以失败告终，其差别是什么呢？人们往往容易把原因归结于命运、运气，在我看来这主要还是因为愿望的大小、高度、深度、热度的差别而造成的。”

回顾自己过往的创业经历，稻盛和夫有个极深的感触，就是想要做到“废寝忘食地渴望与思考”并不是那么简单的事。它要求人必须持续拥有强烈的愿望，并不知不觉地把它渗透到潜意识里去，源远恒常，历久弥新，而不是烈火烹油式的热血上头。

无论是企业经营还是开展新的事业或开发新产品，很多人思考的结果首先是没有信心：恐怕不行吧，恐怕做不好吧。但是，如果一味地顺从这个“常识性”判断，那么原本可以做的也变得不能做。所以如果真正想做一件事情，首先就要树立坚定的信心，要有强烈的愿望。为了变不可能为可能，要有“不疯魔不成活”的强烈愿望，坚信目标一定能够实现，并为之不断努力奋勇向前。无论是人生还是经营，这是达到目标的唯一方式。

也许在很多人看来这种想法并不科学，或者是单纯的精神论，但在稻盛和夫看来，不断地想，不断地去思考，人就能在头脑中“看见”即将实现的现实。此外，所谓“强烈的愿望”并不仅仅是一而再、再而三地产生某种强烈的希冀，希望这样或是希望那样，而是在大脑中反复进行模拟实验，在心中推演种种迈向成功的过程。

就像一名象棋手，每走一步都要慎重推敲，思考上万种棋步，一次又一次地在大脑中模拟演习达到目的的过程，不达目的的棋步就从棋谱里消去。只有如此锲而不舍地反复思考，成功的道路才会像曾经走过似的“逐步清晰”。那些只在梦里出现过的东西才会逐步趋近于现实，最后，梦想与现实的界限逐渐消失，实现的形态、完成的形态都能在头脑中或在眼前清晰地显现。

相反，假若事先没有强烈的愿望、不深思、不认真开展活动，那么创造性的工作及成功的人生也是没有把握的。就像新开发的产品并不仅是满足达标条件后便可以了，没有达到深思熟虑后的“看得见”的理想水准的产品，即使能充分满足标准要求也不能说是好产品，因为这种普通水准的产品并不能广泛得到市场的认同。

关于这点，稻盛和夫举了一个有关他公司产品研发的例子。之前有一个和他同年大学毕业的研究员在他的公司工作，这位研究员带领着部下辛苦了数月反复实验探索，终于完成了一个产品，但稻盛和夫在看这个产品的第一眼，就把它打了回去。

这位研究员到稻盛和夫的办公室来问他要理由，他给的回复是：“我期待的比这个水平更高，这个东西首先看上去颜色就不够鲜亮！”

研究员当时很恼火，认为稻盛和夫在用一种感性的、不科学的逻辑评价着一个工业产品，但稻盛和夫却“蛮横”地勒令他必须重做，理由是“我看到的就是这样一个不鲜亮的产品”，而最后经过多次重做，这位研究员终于烧制出了理想的产品。

之所以双方会有这样的碰撞，是因为稻盛和夫回忆他的幼年时期，“崭新的”这个词是父母经常使用的一个形容词。当理想的成品摆在眼前时，人们连用手摸一摸都会感到犹豫似的，对它充满憧憬和敬畏，而这个时候，稻盛和夫的父母便用“崭新的”来形容它。所以在制定产品要求时，这个词稻盛和夫经常会脱口而出，他要求员工必须不惜一切，努力创造世人公认的“尽善尽美”的产品，因为这对于以创造为目标的人来说是非常重要的，甚至是一种义务。

◎ 劳动不是“必要之恶”，踏实工作铸就优秀人格

说到日本新一代的青年人群和社会环境，稻盛和夫说出了一个他担忧的现象。近几十年来，随着日本社会的不断西方化，西方社会的享乐主义价值观也不断被日本社会所吸收。人们已经逐渐在劳动价值观上发生了变化。很多人将劳动单纯地视为获取生活资源的途径，进而将劳动视为“必要之恶”，这种心理使得人在劳动时内心既无满足也无欢乐，甚至许多年轻人开始厌恶劳动和工作。

那么，一个正确的劳动价值观是怎样的呢？稻盛和夫认为，将工作或劳动视为提升心智、磨炼人格的“修行”，这是许多成功企业家与精英的共同特征。在这些人心中，劳动的意义绝不仅仅是追求业绩，更是一种完善人们内心的重要途径。换句话说，全身心投入当前自己该做的事情中去，聚精会神、精益求精，这样除了在为自己创造物质财富之外，对内也是在耕耘自己的心田，为自己造就一种深沉厚重的人格。

“工作造就人格”，这样的事例在古今中外的伟人成长历程中比比皆是，凡功成名遂者无不是历经艰辛，埋头于自身事业，通过艰苦卓绝的努力，在成就伟大功绩的同时，也造就了自己完美的人格。

日本是一个十分崇尚工匠精神的国家，过去的社会中许多优秀的工匠，只要专心磨炼技能，制造出赏心悦目的产品，他们就会感到无比自豪和充实。因为，通过工作他们看到了自身价值的实现，甚至完

成了个人心灵的超越，所以工作其实就是他们自我实现，完善人格的“精进道场”。而谈到现代人的劳动价值观，稻盛和夫说道：“我们必须认知到一个重要的基本点——生活中想好好活，工作中就得好好干，这是美好生活的根基所在。”

格局——越孤独，越自由

伟大的企业家都是好学如痴、“杀人如麻”、爱才如命、“挥金如土”

世界上幸福的人都一般相似，不幸的人却各有各的不幸。好学如痴是生活中每一个成功者的基本要素，而一个成功的企业家对于知识的崇拜则尤甚。成熟的企业家、伟大的领袖都会有什么样的特质？在一些具体的外部特征上，类似这类特质数不胜数，比如崇尚知识、善于行动学习；比如向一切优秀的人看齐，勇于自我批判；比如不断实现自我超越，等等。在那些成功企业家身上，这些东西都会清晰地呈现出来，而凡此种种，归结起来其实就是一句话——伟大的企业家都是知识的痴迷者。

这类人是典型的学习型人才，有强烈的求知欲，善于融会贯通，学了就用。他们也是知识的创新者，更是知识的有效“盗取者”。成熟的企业家总是会在知识面前装傻，因为他们无比崇尚知识的力量，而同时，这群人又是一群有着自我批判精神、强烈的危机意识以及自我超越需求的群体。对企业家而言，只有实现了自我超越，才能真正激发变革与创新精神，打破限制企业成长的天花板。我们常说企业家本身就是一个企业成长的天花板，如果企业家没有学习能力，没有自我批判的精神，那企业家能力的成长就会停滞，所以他必须终身持续地学习，不断实现自我超越与自我评判。

◎ 卓越的企业家都懂得“挥泪斩马谡”

无论在国内还是国外，我们看到每一个优秀的企业家出现在众人面前时都有着鲜明的自身特质。国内有如马云的天马行空、胸怀广阔，马化腾的温和敦厚、上善若水；国外有如比尔·盖茨的儒雅和善、机敏灵动，沃伦·巴菲特的运筹帷幄、沉静如山；还有诸如沈南鹏、李彦宏、扎克伯格、乔布斯、卡内基……

在这些企业家对外呈现的性格特征背后都有一个共同特点，那就是在做事过程中说一不二、赏罚分明。他们中绝大多数人都奉行着能力绩效导向，在制度和规则面前，无论是温和敦厚还是张扬活跃，都能在第一时间做到铁面无私，六亲不认。换句话说，只要你违反了制度，那么我必然会放下私人的情感因素来“挥泪斩马谡”！

一个优秀的企业家也是一个十分善于揣摩人心的心理大师，他们一方面懂得如何用激励和鼓舞的方式来使高绩效者在组织内如鱼得水，一方面也善于制造组织的危机感和绩效紧张感，使低绩效和不创造价值者惶惶不可终日。企业家必须要在企业管理过程中让自己处于绝对理性状态，遵循赏罚分明、制度导向的法则，用残酷的竞争淘汰机制和严格的流程体系来带领团队前进。在这个过程中，好的及有上进心的员工会不断获得资源而奋勇向前，惫懒、虚应故事的人则必然被淘汰。

很多做企业的人在企业管理过程中都会面对一个问题，就是对个人情感的把控，即如何在私事与公务之间划定出一个清晰明确的界限。很多时候有过者不罚、有功者无赏这些问题必然会出现在团队管理中，这些问题可以说是团队管理过程中的最大隐患。想要解决这一问题，管理者就必须学会将自身情感抽离，建立一套赏罚分明的制度，“用机制与制度杀人”。

所谓“用机制与制度杀人”，其实就是在一个团队中建立一套生存法则，在这个法则面前，没有领导也没有员工，换句话说，员工升官发财与否，老板说了不算，团队成员违规，需要接受何种惩罚，也不由老板决定，自有一套规矩来给出相应的答案。在企业中，一套成熟的机制与制度，其导向就是筛掉能力不足、不能给企业做贡献的人，从而让有能力、有智慧的人上位。

◎ 识人与聚人

先说“识人”,每一个伟大的企业家本身就是一个高明的人性大师，他们能在茫茫人海中清楚地辨别哪些人是人才，也能知道如何去跟这些人才打交道并成为他们的知己。大多数时候，企业家在人才面前会显现出他谦卑的一面。这一方面源于他对人性的尊重，另一方面，则源自他对人才的爱惜与敬重。爱惜人才、珍惜人才。懂人性，洞悉人才的内在需求，了解人才的特点甚至是弱点，能够及时且恰当地满足人才的需求，这样的人就能通过制度来对人才进行管理。

我们在前文中说过，规则能够激发团队能动性，实现优胜劣汰，那么这里规则的第二作用就出现了，就是惩恶扬善。良好的制度既能抑制人性恶的一面，又能给人才以机会和舞台，通过机制创新去扬人性之善，激发人才的内在价值并创造潜能。这样的机制，不是那种深谙人性心理又明白商业管理本质的人是无法制定出来的。

我们之所以说伟大的企业家必然是高明的人性大师，在于他们所制定的制度带来的是一个有着良性循环与生命潜能的空间。同样作为人性大师，他们必然是善于沟通的一群人，而他们最常见的，就是在沟通中调动人才的内在积极性和潜能。

接下来是“爱才如命”的第二部分——聚人，即聚合人才。伟大的企业家都是人才痴，他们有着曹操在诗里描述的“周公吐哺，天下归心”的特征，就像当年的任正非能够跑到华中理工大学去请教授和研究生做课题，然后想尽办法留下那些优秀的人才一样。他们一方面会积极主动地发掘人才，另一方面则会想尽一切办法来聚拢人才。而在聚合人才的过程中，企业家自身的人格魅力与感召力是重中之重，换句话说,企业家的“忽悠力”决定了他能够聚合的人才的黏度与广度。

“忽悠”是一种复杂的综合能力，当你想要招揽某个人的时候，你是用真情去感动他，用实力去征服他，还是用同理心来与他进行情感上的交融与互动？种种方式不一而足，能否成功就在于你是否能对上对方心中的那个频道。无论你选择怎样的方式，基础和关键只有一个，就是你自身是否足够稳健。一个自身不稳的人，真情就是虚假，实力就是虚张声势，同理心就是伪善谄媚。很多自身足够稳的企业家甚至不去“看人下菜碟”，他们奉行“任他几路来，我只一路去”的政策，也自然会有人才来死心塌地地跟随。这些企业家善于跟高手过招，见到高手就兴奋，而真正有才华的人一见到他们就会产生化学反应，像谈恋爱一样，不由自主地两人就走到了一起，这是因为他们之间产生了智慧的巅峰冲撞与体验。

◎“舍得砸钱，舍得分钱，善于分钱”

所谓“舍得砸钱”，是能够为企业的长期战略的发展进行长期的投入，这种投入包括在人才技术管理、长期战略规划等方面，这对于许多从销售起步的管理者而言可能是个问题。因为销售很多时候讲究“见效快”与“变现快”，而当上升到企业战略层面，很多东西就不是能够当下见效的，因此，如何抓住关键要素进行连续投入，这是企业家在投资时的第一个考验。

做企业的人必须有点儿赌性在里面，这当中包括赌未来、赌机遇、赌人才培养、赌风险等等，这种赌并不是一时热血上头的赌博，而是一种使命的驱动，它意味着企业家必须具有长期远大的胸怀格局，不为短期利益所困，耐得住寂寞。

舍得分钱与善于分钱是一个企业家格局与战术思考的体现，能够为了人才与企业发展进行长期投入，代表着一个企业家具备第一步的胸怀和远见。至于如何分钱就是个技术活儿了，舍得分钱却不懂得分钱还不如不分，一个企业必须要有一个合理的分钱体系，能够依据每个人的贡献和能力来做出正确的评价，使分钱分得科学合理，这就是善于分钱。现在很多企业家最大的问题，就是他舍得砸钱，舍得为人才分钱，但却又不善于分钱。

对优秀的企业家来讲，他不仅舍得砸钱，而且更多的是要善于分钱，能够把钱分得科学、公正、合理，让人才心服口服。对优秀的人才、为企业做出贡献的人才，他真正舍得投入，而且对人才优先投入，不是说等人才创造了多少贡献后再给，而是先投入，叫人力资本价值优先。任正非对人才就舍得分钱,但除了舍得分钱,还会科学合理地分钱。优秀的企业家把赚钱作为一个过程，而不是结果，所以，真正伟大的企业家,他可能把做大企业作为自己的追求,但最终,他视金钱如粪土,赚了钱以后，他也能够放得下，回馈社会，而不会为金钱所累。